www.ingramcontent.com/pod-product-compliance
Lightning Source LLC
LaVergne TN
LVHW010058061026
849532LV00007BA/2445
* 9 7 8 9 3 6 9 0 8 8 4 6 1 *

احساس

(غزلیں)

ارشد مینانگری

Ehsaas *(Ghazals)*

by: Arshad Meena Nagri

Edition: September '2025

Publisher :

Taemeer Publications LLC (Michigan, USA / Hyderabad, India)

ISBN 978-93-6908-846-1

9 789369 088461

کتاب : **احساس** (غزلیں)

مصنف : **ارشد مینا نگری**

صنف : شاعری

ناشر : تعمیر پبلی کیشنز (حیدرآباد، انڈیا)

سالِ اشاعت : ۲۰۲۵ء

صفحات : ۱۴۶

سرورق ڈیزائن : تعمیر ویب ڈیزائن

انتساب

والدِ محترم کے نام

☆ جن کی فطری خوبیاں مجھے ورثے میں ودیعت ہوئیں

☆ جن کی بدولت میں انسانی خدمات کے لائق بنا اور زندگی کے مختلف شعبوں میں کامیاب وکامران رہا۔

ارشدؔ مینانگری

پیش لفظ

گیارہ (۱۱) سال کی عمر سے اشعار کہہ رہا ہوں۔ پینتالیس (۴۵) برسوں میں مختلف حالات کی تصویریں نظروں سے گذریں۔ اُن کی عکاسی کرتا رہا۔ احساسات بیدار رکھتے ہوئے انسانی جذبوں کی ترجمانی کرنے کی کاوش کرتا رہا۔ درس تدریس سے وابستہ رہا۔ زندگی کے تقاضوں کو ملحوظ رکھتے ہوئے شعر گوئی کا سفر جاری رکھا۔ ہزاروں مشاعرے پڑھ کر رسائل میں شائع ہو کر فروغ اُدب کا کام کیا۔

تقریباً ہر صنف سخن کو اپنایا۔ ربّ کی عطا سے اب تک ساٹھ (۶۰) مجموعۂ کلام مرتّب ہو چکے ہیں۔ اُن کو منظر عام پر لانے کیلئے احباب نے اصرار کیا۔ سو ''نئے اجالے'' (گیت اور نظمیں) کے بعد دوسرا مجموعۂ کلام ''احساس'' (غزلیات) قارئین کی نذر کر رہا ہوں۔ اُمید کہ ''احساس'' کو احساس کی آنکھوں سے پڑھا جائے گا۔

راقم الحروف

ارشد مینا نگری

گھر نمبر ۵۱، مومن پورہ، مالیگاؤں

احساس اور ارشد میناگری

خاندیش کا سلسلہ کوہ۔ ست پڑا پہاڑوں سے شروع ہو کر برار ہوتے ہوئے اجنتا اور ایلورا کی پراچین گپھاؤں تک پھیلا ہوا ہے۔ غدر کے ہنگامہ خیز زمانے میں جب شمالی ہند کا سہاگ اجڑ گیا تو جنوبی اور مغربی ہند کی مانگ بھر گئی۔ اور بیاول، مصطفیٰ آباد (چوپڑا)، دھرن گاؤں (مینا نگر)، ارنڈول، پارولہ، نذر آباد، شہادہ، نصیر آباد اور شیر پور مومن، انصاریوں کی آماجگاہ بنا۔ مدتوں پیدل چلتے ہوئے منزل بہ منزل، قافلہ در قافلہ آتے رہے اور آباد ہوتے گئے۔ ان میں صناع، دست کار اور بنکر ہی نہیں حفاظ کرام، علمائے دین، تاجر اور فقیر سب ہی تھے۔

جناب عبدالرشید مومن ارشد میناگری صاحب شیخ محبوب مومن کے یہاں پیدا ہوئے۔ مینا نگر (دھرن گاؤں)، ضلع جلگاؤں مہاراشٹر میں واقع ہے۔ ابتدائی تعلیم دھرن گاؤں میں ہی حاصل کی اور جب شعر و شاعری کی جانب راغب ہوئے تو جناب صوفی بسم اللہ خان عارف میناگری سے فیضیاب ہوئے۔ آخر ۱۹۶۱ء میں مالیگاؤں آ بسے اور تادم تحریر وہیں سکونت پذیر ہیں۔ دوران ملازمت (مدرّسی) آپ بہت محنتی اور لائق استاذ کی حیثیت سے مشہور ہوئے۔ جس کا نتیجہ ترقی کی صورت میں برآمد ہوا۔ اس وقت اسکول کے صدر معلّم کے عہدے پر فائز ہیں اور انشاء اللہ مارچ ۲۰۰۰ء میں اپنے عہدے سے ریٹائرڈ ہو جائیں گے۔ حسنِ خدمت کے صلے میں انہیں بہترین ٹیچر کے ایوارڈ سے کئی بار نوازا جا چکا ہے۔

مالیگاؤں میں آپ نے انصاری خورشید مالیگانوی اور وقار حیدری صاحبان سے جی بھر کر استفادہ کیا اور اپنے تخلص کے اعتبار سے واقعی ارشد بن کر مطلع شعر و ادب پر ضوفشاں ہیں۔

شاعری صرف شعر کہنا ہی نہیں ہے...... بسا اوقات دورانِ گفتگو۔ بہت سے

ہماشما مصرعے کہہ جاتے ہیں یا پھر مصرعہ پر دوسرا مصرعہ لگا کر شعر بھی کہہ لیتے ہیں۔ لیکن مصرعوں کو شاعری ہرگز نہیں کہا جا سکتا۔ حقیقی شاعر وہ ہے جو سراپا شاعری ہو۔ جس کی زندگی شاعری کے رنگ میں رنگی ہو ..... ارشد مینا نگری کی شاعری ان کی زندگی سے عیاں ہوتی ہے ان سے مل کر آپ یہی محسوس کریں گے کہ آپکی ملاقات شاعر سے نہیں شاعری سے ہو رہی ہے۔ گویا ان کے شعور پر شاعری برتی ہے۔ دراصل یہ بارش آسمان یا بادلوں سے نہیں ہوتی بلکہ دُنیا اور کائنات کے غموں کی آنچ پا کر گھٹا بن کر برتی ہے۔

ہم نہ منہ لگائیں گے اس حقیر کے ٹکڑے
بے ضمیر کھاتے ہیں بے ضمیر کے ٹکڑے
شعر و فن کے شاہوں کی جھولیوں میں ملتے ہیں
جوش و غالب و انشاء داغ و میر کے ٹکڑے
ارشد اس سے پہلے بھی سینکڑوں نے دیکھا ہے
ہوگئے مرے دل پر انکے تیر کے ٹکڑے !

ارشد کی شاعری میں تیزی و تندی نہیں ہے۔ انہوں نے اپنی غزلوں میں دھڑکن کی آواز سے کام لیا ہے۔ اور اپنی غزلوں کو نئے عہد کے تقاضوں سے اسطرح ہم آہنگ کیا ہے کہ نیا رنگ ابھر آیا ہے اور مروجہ علامات واشارات سے غزل کی ایک نئی فضا مرتب کی ہے ان کا خاص موضوع حسن و عشق تو ہے ہی لیکن اس محدود دائرے میں بھی ان کے یہاں بڑی رنگ رنگی ہے۔ انکے کلام میں علامات وارشارات ملاحظہ فرمائیں۔

صدف، گہر اور کنکر : گہر بن گئی میرے آنسو کی بوند
صدف میں بھی ان کو تو کنکر ملا

خنجر خون اور قتل — میں قتل کیا ہوا کہ فضا ہی بھڑک اٹھی
ہے میرے خوں میں آگ کہ خنجر میں آگ ہے

بادشاہ اور داسی — شعر و فن کی دنیا کا بادشاہوں میں ارشد
کہتے ہیں غزل جس کو میرے گھر کی داسی ہے

طرز تکلم چنگ ورباب: طرزِ تکلم کے زیر و بم
ربط ہے چنگ ورباب کا

چاند کی نظر آنچل کا نقاب: لگ نہ جائے چاند کی نظر
تھامئے آنچل نقاب کا

اختیار و حصار: بچ نکلنا کب اختیار میں ہے
زندگی موت کے حصار میں ہے

دیپ سورج اور ظلمت: کتنے سورج نگل گئی ظلمت
آس کا دیپ کس شمار میں ہے

غزل ملکہ اور تو: اس طرح تو غزل میں آتی ہے
جیسے ملکہ محل میں آتی ہے

تشنہ لب ریگزار اور بارش: تشنہ لب رہ گئی زمیں زرخیز
ریگزاروں پہ سخت بارش ہے

غرض کہ ارشد کا مشاہدہ عمیق اور ذہن نکتہ رس ہے وہ چھوٹی چھوٹی بات کو بھی غور سے دیکھتے ہیں اور ان سے دور رس نتائج نکالتے ہیں۔ انھیں منفرد اور ممتاز شاعر چاہے نہ مانا جائے لیکن ان کی غزلوں کو پڑھتے ہوئے شعری عظمت کا ایک عظیم تصور ابھر کر سامنے آتا ہے۔ ہر چند کہ انکے کلام میں ''احساس'' محرومی، مایوسی، آسودگی، پژمردگی اور شدید ذہنی کرب وانتشار کے ساتھ طربیہ، نشاطیہ اور احساس شگفتہ کا بھی دریا موجزن ہے جو بہتے بہتے ''احساس'' کے ساحل سے جالگا ہے۔

میری دعا ہے کہ ''احساس'' کی ساری تخلیقات مقبولِ اُردو عوام ہوں اور ارشد مینا نگری نہ صرف مہاراشٹر بلکہ پورے برصغیر کے شاعر تسلیم کر لئے جائیں۔

انجم انصاری ممبئی

۱۱؍ مارچ ۲۰۰۰ء

ارشد صاحب

از: حافظ محمد یوسف ملّی (بی اے۔بی ایڈ)

چمن سے آرہی ہے بوئے کباب

ایک بزرگ شاعر کی زبان سے اچانک یہ مصرعہ نکل گیا۔ بار بار سوچتے رہے کہ یہ مہمل مصرعہ میری زبان سے کیوں ادا ہوا۔ چمن سے بوئے کباب کا آنا چہ معنی دارد؟ مصرعہ ثانی کسی صورت سے نہیں بن رہا تھا۔ دس سالہ جگرؔ (رئیس المتغزلین حضرت جگرؔ مراد آبادی) نے مصرعہ اولیٰ کی تکرار سنی تو برجستہ کہا'' چچا جان کہہ دیجئے نا'' کسی بلبل کا دل جلا ہوگا۔ اب شعر مکمل ہوگیا۔

چمن سے آرہی ہے بوئے کباب
کسی بلبل کا دِل جلا ہوگا

ہمارے ارشدؔ صاحب کی عمر بھی ۱۱ رسال کی تھی۔ اسکول کے سالانہ پروگرام میں آپ نے حمد پڑھی۔ کم عمری کے اشعار ملاحظہ فرمائیے۔

ترے ہیں تجھی سے دعا کررہے ہیں
شب و روز حمد و ثناء کررہے ہیں
الٰہی! انھیں نیک انساں بنادے
جوانسانیت کو فنا کررہے ہیں
بدل ان کے طرزِ عمل کو جو ہم پر!
وفاؤں کے بدلے جفا کررہے ہیں

کم سنی میں کہے ہوئے یہ اشعار ہمیں یہ ماننے پر مجبور کرتے ہیں کہ شاعر بنتا نہیں، پیدا ہوتا ہے۔ شعر کہا نہیں جاتا ہوجاتا ہے۔ غیر فطری شعراء اگر پلاسٹک کے دلفریب پھول ہیں تو فطری شعراء چمن کے حقیقی گلاب، اول الذکر اگر Pure Honey تو ثانی الذکر گڑ کا پانی۔

مراختوں کا مقبول و کامیاب شاعر: ہم نے دانستہ لفظ مراختہ استعمال کیا ہے۔

خان آرزو کے دور میں شاعروں کے اجتماعات کے لئے دو لفظ رائج

تھے۔(۱) مشاعرہ (۲) مراختہ

مشاعرہ فارسی شعراء کی شعرخوانی کے لئے تھا اور مراختہ ریختہ گو یا اردو شعرا کی شعرخوانی کے لئے مخصوص ہوا کرتا تھا۔ رفتہ رفتہ فارسی کی دفتری اہمیت ختم ہوگئی تو لفظ مشاعرہ اردو شاعروں کے اجتماع کے لئے بھی بولا جانے لگا اور اب غلطُ العامِ فصیح کے تحت لفظ مشاعرہ نے وہ شہرت اختیار کی کہ مراختہ محققین کی تحقیق کا موضوع بن گیا۔

آمدم برسرِ مطلب: جس طرح جگر مرادآبادی کا کلام وقیع تھا ان کا ترنم بھی بلا کا سحر آفرین تھا۔ مشاعرے میں جگر صاحب جب اپنا کلام پڑھتے تو سامعین ہمہ تن گوش ہوجاتے۔ ارشد صاحب نے سینکڑوں مشاعروں میں اپنا کلام سنایا۔ اپنے مسحور کن ترنم اور قلندرانہ انداز میں جب موصوف اپنا کلام سنایا کرتے ہیں تو سامعین اپنی حوائج ضروریہ وبشریہ کو بھی کچھ دیر کے لئے فراموش کر کے وقیع اور سحر آفرین ترنم میں گم ہوجاتے ہیں۔ اختتام مشاعرہ پر اکثر لوگ ارشد صاحب کے ترنم میں کوئی نہ کوئی شعر گنگناتے ہوئے نکلتے ہیں۔ بلاشبہ سامعین کا یہ طرزِ عمل ارشد صاحب کے عوامی اور مقبول شاعر ہونے پر دال ہے۔

وہ ادائے دلبری ہو کہ نوائے عاشقانہ
جو دلوں کو فتح کرلے وہی فاتح زمانہ

اعزازات وانعامات:

صحن چمن کو اپنی بہاروں پہ ناز تھا
وہ آگئے تو ساری بہاروں پہ چھاگئے

مردہ پرستی کے اس دور میں ارشد صاحب یقیناً وہ خوش نصیب شاعر ہیں جنھیں انکی حیات ہی میں مختلف سرکاری، غیرسرکاری، ادبی، سماجی اور ثقافتی انجمنوں نے اعزازات اور انعامات سے نواز کر موصوف کے تئیں اپنے خلوص ومحبت کا اظہار کیا ہے۔ ۱۹۷۷ء میں ضلع کلکٹر اور سول جج کی موجودگی میں قومی یک جہتی کے سہ لسانی شعری مقابلے میں ہندی اور اُردو نظموں پر اول درجہ کا اعزاز وانعام عطا کیا گیا۔ ۱۹۹۹ء میں خاندیس شاہتیہ سمیلن میں انعام واعزاز، ۱۹۹۹ء میں دلت ساہتیہ اکادمی کا پرسکار (بھساول) غیر اُردوداں طبقہ نے موصوف کی ہندی اور اردو شاعری سے متاثر ہوکر راشٹریہ کوی کا سمان بھی عطا کیا۔ یہ سلسلہ تادمِ تحریر جاری ہے

ایں سعادت بزود بازو نیست
تا نہ بخشد خدائے بخشندہ

پیش نظر مجموعہ ارشدؔ صاحب کی غزلوں کا مجموعہ ہے۔غزل کے لغوی معنیٰ ہے عورتوں سے باتیں کرنا۔

عورتوں کے حسن و جمال کی تعریف کرنا۔محبوب چونکہ ہر دور میں جواں ہی ہوتا ہے۔نتیجتاً صنف غزل بھی جواں ہی رہے گی۔ضعیفی کی خزاں سے غزل محفوظ ہی رہے گی۔حکومتوں کے عروج وزوال اور انقلاباتِ زمانہ سے غزل کی مقبولیت میں ذرہ برابر بھی فرق واقع نہیں ہوگا۔عمومی طور پر جب غزل جوان رہے گی تو ارشدؔ صاحب کی غزلیں جن کی موصوف نے اپنے خون دل سے آبیاری کی ہے کیونکر نہ جوان رہے گی؟

یقیناً! ارشدؔ صاحب کی غزلوں کا مجموعہ جوان رہے گا۔

کوئی انقلاب زمانہ بھی نہ مزاج حسن بدل سکا
نہ حسیں جبیں سے شکن گئی نہ سیاہ زلف کے خم گئے

محاسن کلام

زبان کی پختگی بیان کی برجستگی ،انکار کی صداقت جذبات کی اثر آفرینی جدید لہجہ، نیا اسلوب، سلیس و سادہ زبان، شعور کی گہرائی، روایتی تشبیہات واستعارات کا استعمال نئے مفاہم کے ساتھ نیز کلاسیکی شاعری کی صالح روایات کا پاس، پھر بھی ذہن عصری رجحانات کی ہواؤں کیلئے وا، یہ ایسے محاسن ہیں جنھیں آسانی سے نظر انداز نہیں کیا جاسکتا۔وہ ایک حساس شاعر ہیں۔اپنے گردوپیش سے بے بہرہ نہیں انہیں اپنے جذبات کو آسان اور سادہ الفاظ نیز چھوٹی بحروں میں پیش کرنے میں کمال حاصل ہے۔وہ غزلوں میں اپنے عہد کی ناانصافیوں، سماجی ناہمواریوں، سیاسی عیاریوں کا ذکر کرتے ہیں انکے حل بھی بتاتے ہیں مگر غزل کے تقدس کو بھی برقرار رکھتے ہیں۔وہ اپنی غزلوں میں حیات و کائنات کی صداقتوں سے آگاہ اور رازہائے سربستہ سے آشنا معلوم ہوتے ہیں۔

حسن محتاجِ جلوہ ہوتا ہے اور دعویٰ ثبوت کے بغیر ادھورا۔ہم اپنے بیان کی تصدیق کیلئے موصوف کے چند اشعار نذرِ قارئین کرتے ہیں۔

اشعار

روشنی میں رہ کر بھی روشنی نہیں ملتی
جہل کے اندھیرے ہیں علم کے سویروں میں

جس کو میں نے بخشے ہیں پھولِ شادمانی کے
اب وہی مرے دِل میں خارِ غم چبھوتا ہے

کارگاہِ ہستی میں مطمئن نہیں کوئی
دیکھ کر ہر اک صورت آئینہ بھی روتا ہے

سادگی کا حسن بھی ہوتا ہے آرائش کی جاں
کب کہا گل نے کسی گلچیں سے گہنے دو مجھے

منزل تو قدم لینے کو تیار ہے ارشدؔ
تم اپنے ارادے کو ارادہ تو بنالو

تو خود ہی مطمئن نہیں آرائش بہار سے
اے باغباں چمن چمن کیا تو نے خار بودیا

بڑھاتی رہی جو اندھیروں کی ہمت
ہر اک سمت وہ روشنی دیکھتا ہوں

زباں سے ہر کوئی مظلوم کی کرتا ہے دلداری
سرِ ظالم پہ لیکن ہاتھ کیوں دنیا نے رکھے ہیں
چادرِ گل نہ سہی مرقدِ مظلوم پہ وہ
لے کے رستے ہوئے زخموں کی ردا پہنچے تو

جو لپٹے رہتے تھے ہر وقت میری خوشیوں سے
مصیبتوں میں مرے پاس کتنے ٹھہرے ہیں

رکھتا ہے آئینے کو اندھے کے سامنے وہ
کیا کم ہے یہ حماقت بہروں سے بولتا ہے

ہر حال میں ہے مجھ کو منظور خوشی ان کی
رسوائی ہوئی میری ان کو تو قرار آیا
اب کے تو گلستان میں وہ دورِ بہار آیا
پھولوں پہ اداسی ہے کانٹوں پہ نکھار آیا
سچ کہتا ہوں میں ارشد ! ایسا بھی ہوا اکثر
خود اپنی مسرت پہ رویا تو قرار آیا

جانتا ہوں کہ مجھے حاصل نہیں تابِ نظر
جانے پھر بھی کیوں ہے دل میں حوصلہ دیدار کا

ہمیشہ رہے جو اندھیروں کے ساتھی
اُجالوں کے غم خوار بننے چلے ہیں
جو بکتے رہے چند سکوں پہ وہ بھی
وفا کے خریدار بننے چلے ہیں !

میں جس سے بھی اپنا سمجھ کر ملا
بغل میں چھپائے وہ خنجر ملا

اُداس پھولوں کے چہرے ہیں کیوں بہاروں میں
دل کا اُن کا آتشِ شبنم سے جل گیا ہوگا

عقل کے ماروں نے خود اپنا بھرم کھول دیا
ایک ٹوٹا دیا سورج کے مقابل رکھا

دیتا رہے گا داد جسے وقت کا ضمیر
ارشد ! وہ کامیاب غزل کہہ رہا ہوں میں

ہنستے ہنستے اشک رُخساروں پہ آئے
پھول پر شبنم نظر آنے لگی

کسی کے ساتھ بھلا کیا بُرا کیا میں نے
گل اپنے بانٹ دیا خار لے لیا میں نے

چلا میں جب ارشد سوئے میکدہ
بلاتے رہے مجھ کو دیر و حرم

بن کے دیوانہ ہم نے دیکھ لیا !
ہوش کتنا ہے ہوش والوں میں

وہ جس نے کل مجھے پتھر سمجھ کے پھینک دیا
وہ آج طالب گوہر مری تلاش میں ہے

جو کچھ نہ پاسکا سمجھو کہ سب وہ پاگیا
ناکامِ راہِ شوق ہی دراصل کامیاب ہے

ہزار بار پڑھا تجھ کو میری آنکھوں نے
سمجھ میں آئی نہ ابتک جو وہ کتاب ہے تو

ہزاروں انقلاب آئے جہاں میں
خودی کے رنگ کو پھیکا نہ پایا

حیرت انگیز بات یہ ہے کہ آپ ہندی و مراٹھی زبان میں بھی ویسے ہی اشعار کہتے ہیں جیسے اپنی مادری زبان میں۔ نظموں میں زیادہ تر حب الوطنی اور قومی یک جہتی کے جذبات کو فروغ دینے کی کوشش کرتے ہیں۔ بقولے کسے حب الوطن من الایمان (وطن کی محبت ایمان کا جزو ہے) ارشد صاحب کے دل میں خود وطن کی محبت کا دریا موجزن رہتا ہے۔ اور وہی جذبہ

اشعار کی صورت میں ڈھل جاتا ہے۔

جس طرح امام بخش ناسخ لکھنوی نے کسی کے سامنے زانوئے تلمذ تہہ نہیں کئے۔ چکبست نے شاعری میں کسی کی شاگردی اختیار نہیں کی۔ پنڈت آنند نرائن ملا بھی شاعری میں کسی کے تلمیذ نہیں تھے۔ انہیں شعراء کی روایت کے علمبردار ارشد مینانگری بھی ہیں۔ بہ ایں ہمہ اپنے وطن مینانگر (دھرن گاؤں) کے صوفی بسم اللہ خان عارف کی زبان سے کسی شاعر کا یہ شعر

من درونِ سینہ خود سومنا تے ساختم

آستانِ کعبہ را یدم جبیں فرسودہ بود

اکثر دہراتے ہیں۔ نفسیاتی تجزیہ بتلاتا ہے کہ وہ تحت الشعور میں ان سے کافی متاثر ہیں۔

یہاں رفیق محترم ڈاکٹر اشفاق انجم صاحب کے تاثرات کا ذکر بے محل نہ ہوگا۔ آپ رقمطراز ہیں۔ ''ارشد مینانگری نے برسوں اپنے آپ کو فنی ریاضت کی بھٹی میں تپایا ہے۔ تب کہیں ان کے قلم سے ایسے اشعار ٹپکے ہیں جو دلوں میں گرمی و حرارت پیدا کر دیتے ہیں۔ قاری کو غور و فکر کی دعوت دیتے ہیں۔ اور انہیں نئے نئے جہانوں کی سیر کراتے ہیں۔ شاعر قاری کیساتھ نہیں چلتا بلکہ قاری کو اپنے ساتھ لیکر چلتا ہے۔ اور جس شاعر میں یہ وصف موجود ہے وہی کامیابی کے زینے طے کرتا ہے۔ ارشد مینانگری بھی ایسے ہی شعراء میں شامل ہیں جو آہستہ لیکن پیوستہ روی کے ساتھ ترقی و کامرانی کے زینے طے کر رہے ہیں۔'' ڈاکٹر اشفاق انجم

ریڈر و صدر شعبہ اردو، فارسی، ایم ایس جی کالج

اخیر میں صرف اتنا ہی عرض کروں گا کہ کلام ربانی ہی جملہ نقائص سے پاک ہے اور رہے گا۔ کلام بشری میں کسی کا استثنا نہیں۔ زیر نظر مجموعہ میں تکرارِ الفاظ اور افکار بعض مقامات پر کھٹکتی ہے۔ تاہم موصوف کے غزلیہ اشعار جن صفات سے متصف ہیں ان کا اظہار نہ کرنا ادبی بخل کے مترادف ہوگا کیونکہ انسانی نفسیات کچھ اس قسم کی واقع ہوئی ہے کہ

اپنے سوا کسی کو بھی دادِ ہنر نہ دی

انسان ہے جس کا نام بڑا خود پسند ہے

دعا ہے کہ ارشد صاحب کے معتقدین و مخلصین نیز محبین اس مجموعہ کی کماحقہ پذیرائی کریں۔

ہیچمدان

محمد یوسف عفی عنہ

انسانی رِشتوں کا شاعر

زیرِ نظر شعری مجموعہ ''احساس'' میں ایک حمد، ایک نعت کے ساتھ ۱۲۰ ر غزلیں شامل ہیں۔ ''احساس'' اور ارشدؔ مینانگری کے زیرِ عنوان بمبئی کے انجم انصاری اور ''ارشدؔ صاحب'' کے عہدِ طفلی کی شعرگوئی سے موجودہ شعری تخلیقی سفر پر تفصیلی اظہارِ خیال پر مبنی حافظ محمد یوسف ملّی (بی۔اے۔بی۔ایڈ) کا مضمون شامل ہے۔ جبکہ خود ارشدؔ میناگری نے پیش لفظ تحریر کرتے ہوئے اس کا اظہار کیا ہے کہ موصوف نے ہر صنفِ سخن پر طبع آزمائی کرتے ہوئے۔۶۰ ر مجموعۂ کلام مرتب کرلیا ہے اور پہلا مجموعہ ''نئے اُجالے'' جس میں گیت اور نظمیں شامل ہیں منظرِ عام پر آچکا ہے اور ''احساس'' دوسرا مجموعۂ کلام ہے۔ غزل کی خوبی یہی ہے کہ جس میں تسلسل بیان، ارتقائے خیال اور خارجی واقعات کو داخلی احساسات و محسوسات کے پیکر میں ڈھال کر شعری لباس پہنایا جائے۔ اور کہا جاسکتا ہے کہ ارشدؔ میناگری اپنی خداداد صلاحیتوں کو بہ رُوئے کار لاتے ہوئے خاصے کامیاب رہے ہیں۔ کیونکہ ان کے یہاں الفاظ، استعارے، تشبیہات اور علامات، مانوس، عام فہم، سلیس اور شائستہ ہیں۔ جیسے

ے ہونا ہے جو ہو کے رہے گا خوف نہیں ہم کو کوئی ۔۔۔ وقت جب لے گا امتحان ترا
ہم نے ارشد چھوڑ دیا ہے کشتی کو طوفانوں پر ۔۔۔ ٹوٹ جائے گا ہر گمان ترا

ے کنارے پہ پتوار لے کے کھڑے ہو ۔۔۔ غیر کے درد کو جو دل سے لگالے اپنے
سفینے کو طوفاں میں لاؤ تو مانوں ۔۔۔ ایسا اک آدمی صدیوں میں جنم لیتا ہے

ے پیش کر کردار کچھ حاصل نہیں گفتار سے ۔۔۔ قطروں کے اشتراک سے ہے بحرِ بیکراں
سُرخرو ہوتا ہے اِنساں جو ہر کردار سے ۔۔۔ قطرہ خود اپنے آپ سمندر نہیں بنا

موجودہ عصر میں، معصوم جذبے، انسانی رشتے، اخلاقی اقدار، ادب، تہذیب، محبت و رفاقت، دوستی کے پیمانے بدل چکے ہیں۔ لیکن خوشگوار رشتوں اور اخلاقی اِنسانی قدروں کی تشکیل، تعمیر اور بازیافت بھی دانشوروں، ادیبوں اور شاعروں کی ایک اہم ذمہ داری ہے۔ ارشدؔ میناگری کی غزلوں نے موجودہ تقاضوں کو بڑے اچھے انداز میں سمویا ہے۔ ارشدؔ میناگری ایک حسّاس شاعر ہیں۔ جس کا احساس۔ اس شعری مجموعہ میں شامل غزلوں کو پڑھ کر ہی ہوسکتا ہے۔ ان کی غزلوں کی ایک واضح خوبی یہ بھی ہے کہ اُن میں ابہام یا مشکل پسندی نہیں ہے۔ جو اس شاعر کی فنی دسترس کی گواہی دیتی ہیں۔ یقین ہے کہ اُردو دُنیا اس شعری مجموعہ کی خاطر خواہ پذیرائی کرنے میں تکلف سے کام نہیں لے گی۔

ڈاکٹر احمد ریاض، مدیر ''شاہنامہ'' ڈیلی، مالیگاؤں

حمد
باری تعالیٰ عزّ اسمہٗ

اے خدا ایسا ہمارا دل بنا
موت کو بھی زیست کا حاصل بنا

زندگی تو نے عطا کی سر بسر
گامزن کر زندگی کی راہ پر
زندگی کا ہر قدم منزل بنا
موت کو بھی زیست کا حاصل بنا

زندگی سے خود خفا ہے زندگی
زندگی ایسی بھی کیا ہے زندگی
زندگانی کے ہمیں قابل بنا
موت کو بھی زیست کا حاصل بنا

تیرے احساسات تیری فکر سے
تیرے احکامات تیرے ذکر سے
دِل کی تنہائی کو بھی محفل بنا
موت کو بھی زیست کا حاصل بنا

حوصلہ دے وہ کہ جو زندہ رہے
حوصلے سے خوف شرمندہ رہے
بیکراں طوفان بھی ساحل بنا
موت کو بھی زیست کا حاصل بنا

نعتِ مقدّس

جب سے جمالِ شاہِ مدینہ نظر میں ہے
کونین کا وجود سراپا نظر میں ہے

جب سے خمارِ ساغرِ طیبہ نظر میں ہے
دونوں جہاں کے کیف کا نشہ نظر میں ہے

کیوں ہو کسی کی چشمِ کرم کی طلب ہمیں
فیضانِ مصطفائی کا دریا نظر میں ہے

خائف نہ ہوں گے ہم کبھی ظلماتِ کفر سے
عشقِ محمدی کا اجالا نظر میں ہے

ہم سے ملائیں آنکھ کسی کی مجال کیا
عشقِ نبی کی برقِ تجلا نظر میں ہے

رائج رہے گا جو سرِ بازارِ حشر بھی
وہ بخششِ حضور کا سکہ نظر میں ہے

ارشدؔ ہلاکتوں کا مجھے خوف ہی نہیں
جب التفاتِ فخرِ مسیحا نظر میں ہے

غم کی اذیت زخم کے شعلے پھولوں کی مسکانوں پر
صدیوں کا اک بوجھ ہے جیسے پل دو پل کے شانوں پر

اب کے کیسا موسم آیا پیاس بجھی نہ دھرتی کی
ابر اٹھے تو شعلے برسے کھیتوں پر کھلیانوں پر

پیاسے تھے پیاسے ہی رہے وہ قطرے قطرے کو ترسے
جن کے لہو کی آگ سے ابھرے دریا ریگستانوں پر

سچائی کے پیراہن میں جھوٹ کا جادو جاگ اٹھا
ہوتا ہے ہر لمحہ ہم کو سچ کا گماں افسانوں پر

پاگل سانسیں صحرا صحرا پیاس بجھانے نکلی ہیں
اگ نہ سکیں گے آس کے پودے تپتی ہوئی چٹانوں پر

نکلے گا امید کا سورج اک دن گہری ظلمت سے
اپنی نگاہِ ہوش ہے اب تک روشن سے امکانوں پر

ہونا ہے جو ہو کے رہے گا خوف نہیں ہم کو کوئی
ہم نے ارشدؔ چھوڑ دیا ہے کشتی کو طوفانوں پر

ٹوٹ کر ملے نہ سلسلے
ہاتھ ملے، دِل نہیں مِلے

اِس طرح کچھ اُن کے لب ہِلے
جیسے صبح دم کلی کِھلے

مسکرا کے رہ گئے وہ یوں
جیسے کِسی گُل پہ گُل کِھلے

پیار کے سوال پر، کبھی
کھل نہ سکے اُن کے لب سِلے

پیار بے بہا سہی، مگر
نفرتیں ہیں، پیار کے صِلے

یاد آ رہے ہیں بار بار
ایک بار آپ کیا مِلے

اپنا کوئی ایک نہ مِلا
ہم سے آ کے غیر تو مِلے

جن کی دوستی پہ ناز تھا
دشمنوں سے وہ بھی جا مِلے

ارشدؔ! اس کا کیا علاج ہے
دِل کے گِلے بھی ہے گِلے

حُسن تازہ کنول کے جیسا ہے
اُو چہرہ غـزل کے جیسا ہے

رنگ لوٹی ہوئی جوانی کا !
ایک اجڑے محل کے جیسا ہے

اہلِ محنت کی محنتوں کا صلا
آج مٹی کے پھل کے جیسا ہے

ظلم پر آہ بھی نہیں کرتے
اپنا جینا اجل کے جیسا ہے

وہ زمانہ تھا امن کا دشمن
یہ زمانہ بھی کل کے جیسا ہے

کام ہوتا ہے بات پر اس کی !
عـزم اس کا عمل کے جیسا ہے

اپنے ماحول کی غلاظت میں
وہ شگفتہ کنول کے جیسا ہے

آج کے رہبروں کا ہر وعدہ
دیکھنا گذرے پل کے جیسا ہے

ملک میں کیا فسادیوں کا حل
آج کینسر کے حل کے جیسا ہے

میری اُلجھن کا سلسلہ شاید
تیری زلفوں کے بل کے جیسا ہے

کس کو منزل ملے گی اے ارشد
عزم کس کا عمل کے جیسا ہے

ہو رسائی کیسے کوئے یار تک
رہ گئی حسرت دلِ نادار تک

بندگی میرے لئے ہے آئینہ
دیکھ لیتا ہوں جمالِ یار تک

میری نظروں میں ہے حسنِ لامکاں
لوگ پہونچے سایۂ دیوار تک

رنگ پھیکا پڑ گیا ہر پھول کا
وہ جو پہونچے حسنِ لالہ زار تک

اُن کا اعجازِ نظر کیا خوب ہے
گل نظر آنے لگا ہر خار تک

یہ عجب حُسنِ تغیّر ہے کہ وہ،
آ گئے انکار سے اقرار تک

اِک جھلک سے اُڑ گئے ہوش و حواس
کب نظر پہونچی ہے دیدِ یار تک

لے گیا ارشدؔ ہی بڑھ کر جام مے
رہ گئے ہشیار سے ہشیار تک

کرتے ہیں پیری میں ذکرِ رب
آنکھ کھلی، شام ہوئی جب

ہوگا بھلا کیا ادب کا اب
بن گئے ادیب، بے ادب

عیش و طرب کی نہ کر طلب
رنج کی بنیاد ہے طرب

بے سبب نہیں ہے برہمی
کچھ نہ کچھ ضرور ہے سبب

بیر ہے تجھ کو ہر ایک سے!
کون کرے گا تیرا ادب

ہم کو اتنا کیا وہ بولتے؟
چپ ہیں ہم تو آپ کے سبب

اک ذرا سی بات پر حضور!
آپ نے کیا، بڑا غضب!

میں نے بتایا نہیں، مگر
پوچھا مرا حال تم نے کب؟

ایک نے پوچھا نہ جیتے جی
موت پہ رونے کو آئے سب

بڑھ رہی ہے عمر تو ارشدا! گھٹ رہی حیات روز و شب

اُن کی پلکوں پہ نمایاں ہوئے آنسو اُڑ کر
یا اندھیرے میں چمکنے لگے جگنو اڑ کر

چھا گئی جیسے صداقت پہ گھٹا باطل کی
ان کے رخسار پہ یوں آ گئے گیسو اڑ کر

صرف اربابِ طرب پر ہی نہیں ہے موقوف
داد دیتے ہیں ترے رقص کی گھنگھرو اڑ کر

یاد آئی ہے کسی کی شبِ تنہائی میں
یا کوئی آ گیا بنگال سے جادو اڑ کر

سُن کے یوں ہوش اڑے عرضِ تمنّا کا جواب
جیسے صحرا میں بکھر جاتی ہے بالو اڑ کر

دام کو حرص نے دانے کی سمجھنے نہ دیا
پھنس گیا جال میں نادان پکھیرو اڑ کر

گرم ہے بغض و حسد، کینہ، کپٹ کا بازار!
طائرِ ہوش نے دیکھا یہی ہر سُو اڑ کر

بے شعوروں کے بھی سینے میں اتر جاتی ہے
تیر کی طرح مرے شعر کی خوشبو اڑ کر!

دیکھنے والے کی گر جاتی ہے ٹوپی ارشد
پیرِ انکار سے پہونچا ہے کہاں تو اڑ کر

کب تلک یوں ہی چلے گا سلسلہ انکار کا
جانے کب وہ خط لکھیں گے پیار کے اقرار کا

دل کی کشتی کو عبث ہے خوف کیوں منجدھار کا
فاصلہ تو کچھ نہیں اس پار سے اس پار کا

روح کی گہرائیوں میں گونج اٹھیں شہنائیاں
یہ بھی اک ادنیٰ اثر ہے آپ کی گفتار کا

جانتا ہوں کہ مجھے حاصل نہیں تابِ نظر
جانے پھر بھی کیوں ہے دل میں حوصلہ دیدار کا

جذبۂ بے اختیاری ضبط پر غالب ہُوا
اشک ذریعہ بن گئے ہیں درد کے اظہار کا

زلفِ شبگوں میں ستارے ہیں کہ افشاں کی چمک
چاند ہے کہ عکس ہے یہ آپ کے رخسار کا

مٹ نہیں سکتا کبھی قول و عمل کا امتیاز
کام ہو سکتا نہیں گفتار سے کردار کا

تم نے طوفانوں کی یورش کو ابھی دیکھا نہیں
کیوں بھروسہ کر رہے ہو ریت کی دیوار کا

ارشدؔ! انکی بھولی صورت، میٹھی باتوں پہ نہ جا
پھول سے بھی کام لے لیتے ہیں وہ تلوار کا

دن کے حالات پر رات پھر چھا گئی
موقعہ پاتے ہی اوقات پر آ گئی

مسکراتی ہوئی صبح کے دوش پر
پانچ برسوں کی پھر ایک رات آ گئی

یوں صداقت کا دابا گلا وقت نے
شرم سے بے حیائی بھی شرما گئی

جھوٹ یوں سچ پہ غالب ہوا دوستو!
چاند پر جیسے کالی گھٹا چھا گئی!

ایک ہلکا سا جھٹکا لگا تو لگا ــــ
پر ٹھکانے پہ پھر عقل تو آ گئی

حد سے زیادہ صداقت بھی اچھی نہیں
سختیٔ وقت یہ بات سمجھا گئی

بکھرے فتنوں کو پھر ایک ہونا پڑا
عدل کی اک نظر سب کو دہلا گئی

متحد رہ کے جینے میں کیا بات ہے
وقت کی ایک کروٹ یہ سمجھا گئی

دل کی دنیا میں اک انقلاب آ گیا
آج ارشدؔ کی اک بات یاد آ گئی

ہر موڑ پہ خوش رنگ بلا ناچ رہی ہے
احساس کے آنگن میں قضا ناچ رہی ہے

تسبیح کے دانوں کی طرح دست ستم پر
مجبوریٔ اربابِ وفا ناچ رہی ہے

کردار میں جن کے نہ کوئی ساز نہ آواز
ایسوں کے بھی چہروں پہ انا ناچ رہی ہے

بے شرم کے انداز میں کل شرم تھی لیکن
اب تو سر بازار حیا ناچ رہی ہے

سنسان گپھاؤں کا سکوں تیری خموشی
گویا ہے کہ جھرنوں کی صدا ناچ رہی ہے

ہے رخ پہ نگاہوں کی مچلتی ہوئی جھلمل
یا پھول پہ کرنوں کی ضیاء ناچ رہی ہے

بھولے بھی تو کیسے اُسے بھولے کوئی ارشد
آنکھوں میں ستمگر کی ادا ناچ رہی ہے

تصورات کے مسحور کن خیالوں میں
ترے خیال ہیں یا پھول ہیں بہاروں میں

ترے حسین خیالوں کا سلسلہ گویا
مہکتے پھول ہیں دل کی لگن کے ہاروں میں

یہ تیری مانگ میں افشاں یہ تیرا روئے حسیں
ہے ایسے جیسے کوئی چاند ہو ستاروں میں

یہ تیرے روپ کے جلوے یہ نکھرا اُتھرا بدن
سحر کا حسن کھلے جیسے کوہساروں میں

کچھ اس ادا سے چلے جھیل کے کناروں پہ
حسیں نظارہ ہے جیسے آبشاروں میں

ہزار بار بھی سوچا تو بس یہی سمجھا
تری نوا ہے مرے ہر نفس کے تاروں میں

تم اپنے آپ سے مایوس ہو عبث ارشد
تمہاری ذات تو بے مثل ہے ہزاروں میں

اب کے تو گلستاں میں وہ دورِ بہار آیا
پھولوں پہ اداسی ہے کانٹوں پہ نکھار آیا

وہ اپنے مقدر پہ روتا ہی رہا برسوں
اوروں کا مقدر جو پل بھر میں سنوار آیا

کیا چال چلی تو نے کیا جال بچھایا ہے
صیاد مبارک ہو گھر بیٹھے شکار آیا

جس جیت کی خاطر میں بیدار رہا اب تک
اک لمحہ کی غفلت میں وہ جیت بھی ہار آیا

دیوانگیٔ دل کا کیا عرض کروں عالم
میں درد کے صحرا میں خود کو ہی پکار آیا

ہر حال میں ہے مجھ کو منظور خوشی اُن کی
رسوائی ہوئی میری ان کو تو قرار آیا

افلاس میں گھُٹ گھُٹ کر دم توڑ دیا جس نے
آج اس پہ زمانے کی نفرت کو بھی پیار آیا

سچ کہتا ہوں میں ارشد ایسا بھی ہوا اکثر
خود اپنی مسرت پہ رویا تو قرار آیا

یہ حسنِ تبسم یہ رعنائیاں
ہیں بجلی گرانے کی تیاریاں

لچکدار باہیں حسیں ڈالیاں
کہ قوسِ قزح تیری انگڑائیاں

گھٹا ہے کہ ابرو کی پرچھائیاں
نگاہوں کی جنبش ہے یا بجلیاں

یہ ہنستے ہوئے رُخ یہ رنگینیاں
گلوں پر تھرکتی ہوئی تتلیاں

ستم ہے کرم کی یہ ارزانیاں
نہ دم توڑ دیں میری بیتابیاں

ترے روئے رنگیں سے گلزار میں
خجل ہیں گلابوں کی رنگینیاں

تری زلف شامِ اودھ سے حسیں
ترا رُخ بنارس کی تابانیاں

خموشی اجنتا، ایلورہ رتری!
تکلم میں جھرنوں کی شہنائیاں

ہے ضوبار ارشد تری زندگی • اندھیرے میں ہوں جیسے چنگاریاں

یہ خوش رنگ چہرہ شگفتہ کنول
مہکتا سراپا، مرصّع غزل!

جدائی میں اب یوں گزرتے ہیں دن
برس بن گیا جیسے اِک ایک پل

یہاں پیار سے بُغض رکھتے ہیں سب
مرے ہم نفس! چل کہیں اور چل

اِدھر جب بھی میرا ہوا تذکرہ
اُدھر پڑ گئے ان کے ماتھے پہ بَل

یہ انگارہ ہنستا ہُوا، گُل نہیں!
ہوس کے پرندے ارادہ بدل

جو ہے آج کا کام، کر آج ہی!
ملے گا نہیں تجھ کو یہ آج، کل

مجھے روک لینا تو، ممکن نہیں
اگر ظرف ہے میرے آگے نکل

اندھیرے تو ارشد! فقط ہی نہیں
مگر اس نئی روشنی میں سنبھل

چلے کچھ ایسے ہوا کا بہاؤ ہے جیسے
ہماری سوچ بھی کاغذ کی ناؤ ہے جیسے

ہر ایک جھوٹ نے یوں سچ کا روپ دھا لیا
سحر کا شام کی جانب جھکاؤ ہے جیسے

دلوں سے پیار کا احساس جل کے خاک ہوا
ہوس کا رنگ دہکتا الاؤ ہے جیسے

درندگی سی انسانیت کے پردوں میں
یہ رکھ رکھاؤ فقط رکھ رکھاؤ ہے جیسے

ہے بات بات میں لذّت خلوص کی لیکن
عمل کی بات خیالی پلاؤ ہے جیسے

وہ لمحہ لمحہ مرے دل کو یاد آتا ہے
مرے حریف کو مجھ سے لگاؤ ہے جیسے

غموں کے ساتھ کٹی عمر آج تک ارشد
مسرتوں سے مرا بے بناؤ ہے جیسے

ایک دل میں زہر کے اثرات بس گئے
حرص و ہوس کے ناگ اصولوں کو ڈس گئے

صحرا کی سمت ابر اڑا لے گئی ہوا !
پانی کی بوند بوند کو دریا ترس گئے

پوچھے نہ کوئی مجھ سے مری نامرادیاں
پھولوں کی آرزؤں پہ شعلے برس گئے

عہدِ وفا کو ہم نے نبھا تو دیا مگر
اُن کے جفا پسند شکنجے میں کس گئے

کیا جانے تیری دشمنی کا ماحصل ہو کیا
ہم تیری دوستی میں سکوں کو ترس گئے

کچھ اتنی تیز دھوپ غم و درد کی رہی
یک لخت آرزوؤں کے چہرے جھلس گئے

کہنا پڑا حیات قفس ہی ہے سازگار
صحنِ چمن میں جب کبھی اسیرِ قفس گئے

حاصل ہیں بے ہنر کو یہاں سربلندیاں
ارشدؔ ہنر میں جن کو رہی دسترس گئے

پڑھ کر ترا شباب غزل کہہ رہا ہوں میں
اے حسن کی کتاب غزل کہہ رہا ہوں میں

چہرہ ہی حال و قال کا آئینہ دار ہے
رخ سے الٹ نقاب غزل کہہ رہا ہوں میں

جیسے ترا جمال سراپا ہے بے مثال
ویسی ہی لاجواب غزل کہہ رہا ہوں میں

پھیلے گی جس کے نور سے ظلمت میں روشنی
اے جانِ ماہتاب غزل کہہ رہا ہوں میں

جس کا ہر ایک لفظ ہے پیکر خلوص کا
ایسی صفت مآب غزل کہہ رہا ہوں میں

ہر سمت ناگوار فضاؤں میں خوشگوار
لانے کو انقلاب غزل کہہ رہا ہوں میں

دیتا رہے گا داد جسے وقت کا ضمیر
ارشدؔ وہ کامیاب غزل کہہ رہا ہوں میں

کہاں کھو گئے مست خوابوں کے دن
وہ غنچوں کی راتیں گلابوں کے دن

گیا راحتوں کا زمانہ مگر!
گذرتے نہیں کیوں عذابوں کے دن

ملے گا کہیں کیوں نمایاں عمل
یہ ہیں بس مثالی کتابوں کے دن

پنپتی ہیں ہر گام بے شرمیاں
حجابوں سے خالی حجابوں کے دن

خزاؤں کا موسم بہاروں میں ہے
بڑھاپے سے ابتر شبابوں کے دن

مظالم حدوں سے گذرنے لگے
کب آئیں گے پھر انقلابوں کے دن

جو خوشحال تھے، آج پامال ہیں
ہوئے اچھے، خانہ خرابوں کے دن

اَندھیرے اُجالوں میں پوشیدہ ہیں
بظاہر ہیں روشن سرابوں کے دن

برتتا ہے ہر آشنا بے رُخی
بگڑتے ہیں جب ماہتابوں کے دن

ذرا یہ بھی سوچا کبھی آپ نے
گذاریں گے کیسے حسابوں کے دن

سبھی راکھشش دیوتا بن گئے
ہیں جاری ابھی انتخابوں کے دن

غریبوں کی راتیں بھی کٹ جائیں گی
رہے جب نہ ارشدؔ نوابوں کے دن

وقت جب لے گا امتحان تِرا
ٹوٹ جائے گا ہر گمان تِرا

چین حاصل نہیں اگر تجھ کو
ہے عبث محل عالی شان تِرا

باپ کو مت دِکھا جوانی تو
ہو گا بیٹا کبھی جوان تِرا

کِتنی سفّاک تیری کم ظرفی
ظلم سہتا ہے مہربان تِرا

تیرا کِردار رشکِ تاج محل
ٹوٹی پھوٹی کٹیا سہی مکان تِرا

کام تیرا دِلوں کا چین بنا
نام بھی مِلتا بر زبان تِرا

دِل نچھاور ترے ترنم پر
فن بھی ارشدؔ غزل کی جان تِرا

اِس طرح تو غزل میں آتی ہے
جیسے ملکہ محل میں آتی ہے

دِل معطر نظر نظر مسرور
تیری خوشبو غزل میں آتی ہے

کتنا بے درد ہو گیا موسم
بھوک محنت کے پھل میں آتی ہے

پھانس لیتے ہیں رہنما ایسے
جس طرح مچھلی گل میں آتی ہے

اُس کے کردار کا مقام سمجھ
بات جس کی عمل میں آتی ہے

جینے والے یہ دھیان میں رکھنا
زیست دامِ اجل میں آتی ہے

پلتا کیچڑ میں پھر بھی اے ارشد
پاکبازی، کنول میں آتی ہے

متاعِ سخن یوں لٹاؤ تو مانوں
مری طرح محفل پہ چھاؤ تو مانوں

ذرا اپنے کس بل دکھاؤ تو مانوں
مری توتیں آزماؤ تو مانوں

کبھی روپ اصلی دکھاؤ تو مانوں
حجابات سارے اٹھاؤ تو مانوں

نہ چھپ چھپ کے مجھ پر کرو سنگباری
مقابل مرے بن کے آؤ تو مانوں

اگر فکر و فن کا ہے محفل میں دعویٰ
حریفوں سے بھی داد پاؤ تو مانوں

جو کرتے ہیں حالات کی ترجمانی
کچھ اشعار ایسے سناؤ تو مانوں!

کنارے پہ پتوار لے کے کھڑے ہو
سفینے کو طوفاں میں لاؤ تو مانوں

بڑی بات ہے خار زارِ ستم میں
گلوں کی طرح مسکراؤ تو مانوں

یہ مانا کہ ارشد سراپا خطا ھے
گریباں تم اپنا دکھاؤ تو مانوں

روح کے تار کو، اس طرح چھیڑ دے سننے والوں کا دل ساز پر گر پڑے
ساز تو ساز ہے، ساز کی بات کیا، ہوش کا ہوش آواز پر گر پڑے

پیار کی دھن میں ایسی غزل چھیڑ دے، پیار کے تال پر آج وہ رقص کر
میرے احساس کے گھنگھروؤں کی صدا ٹوٹ کر تیرے انداز پر گر پڑے

بعد مدت کے موقعہ ملا تھا مگر، رازِ دل کہتے کہتے وہ چپ ہو گیا
کھوج میں جسکی بے چین کتنے آج تک اور پردے اسی راز پر گر پڑے

آرزو کے پرندے تو پر تول کر، جستجو کی ہواؤں میں اس طرح اُڑ،
کامیابی کے آکاش کی ہر پری، تیرے اندازِ پرواز پر گر پڑے

تیرا طرزِ تکلم تری شاعری، تیری جادو بیانی خدا کی قسم
ہو کے بیتاب ارشدؔ نگاہوں کا دل تیرے متوالے انداز پر گر پڑے

جب کبھی کروٹ ترا بیمارِ الم لیتا ہے
بس ترا نام ہی بادیدۂ نم لیتا ہے

سامنے آنکھوں کے آجاتا ہے اک ایک ستم
جب کوئی اہلِ کرم نامِ کرم لیتا ہے

کیا ستم ہے کہ ستم کر کے ستمگر اے دوست
دلِ مظلوم سے بھی دادِ ستم لیتا ہے

مرے انکار نے بخشی تھی جسے روحِ حیات
انتقام آج وہی تیری قسم لیتا ہے

حوصلہ رکھتا ہے جو راہ میں مٹ جانے کا
سرِ منزل اسی راہی کے قدم لیتا ہے

غیر کے درد کو جو دل سے لگالے اپنے
ایسا اِک آدمی صدیوں میں جنم لیتا ہے

ہم نے دیکھا ہے کہ منزل کی لگن میں ارشد
نام آرام کا لیتا ہے نہ دم لیتا ہے

کمالات کچھ کر دکھاؤ تو مانوں
کوئی بات بگڑی بناؤ تو مانوں
سفینے کی پتوار لے تو لیے ہو
سفینہ کنارے لگاؤ تو مانوں

اندھیرے تو کچھ اور بھی بڑھ رہے ہیں
چراغوں کی لو کو بڑھاؤ تو مانوں

فسادات، اسمگلری، غنڈہ گردی
یہ زہریلے شعلے بجھاؤ تو مانوں

ابھی تو ابھرتے ہیں رہ رہ کے فتنے
کبھی اپنا زور آزماؤ تو مانوں

فقط بات ہی بات کب تک رہے گی
عمل کچھ کبھی کر دکھاؤ تو مانوں

سیاست پہ چھائی ہے سرمایہ داری
ذرا اس کا سایہ ہٹاؤ تو مانوں

ہیں بس کرسیوں کو بچانے کی فکریں
مصیبت سے سب کو بچاؤ تو مانوں

جو وعدے قسم کھا کے تم نے کیے تھے
وہ وعدے وفا کر دکھاؤ تو مانوں
سبھی کے لبوں پر شکایت ہے ارشد
زبانوں پہ تالے لگاؤ تو مانوں

نفرت کے اندھیروں کو مٹانے کیلئے آ
آ! شمعِ محبت کو جلانے کیلئے آ

بیباک ہوا جاتا ہے اب دردِ جُدائی
ابھرے ہوئے زخموں کو دبانے کیلئے آ

کبتک میں سنبھالوں تری یادوں کی امانت
یہ بارِ گراں دل سے ہٹانے کیلئے آ

یادوں کے دریچوں میں ترا درد ہے لیکن
اب ہجر کا احساس بھلانے کیلئے آ

احساس کے صحرا کی اُداسی نہیں جاتی
جھرنوں کی طرح گیت سُنانے کیلئے آ

اِک تیری محبت کا محافظ ہے مرا دِل
خود لب پہ لئے مجھ کو بچانے کیلئے آ

مجھ کو تو ہے منظور ترے پیار میں ارشد
امرت نہ سہی زہر پلانے کے لئے آ

شعلوں کی طرح وقت کا بادل برس گیا
کیسے کہوں کہ آس کا ساون جھلس گیا

حیرت نہیں تو کیا ہے یہ موسم بہار کا
شادابیوں کے لطف کو ہر گل ترس گیا

گلشن میں پھول پھول کا ہر حسن قید ھے
کہنے کو لالہ زار سے دورِ قفس گیا

نفرت کی تتلیوں کا نصیبا بلند تھا
پی کر مرے خلوص کے پھولوں کا رس گیا

ایسا بھی وقت آیا چمن کے نکھار میں
ناگن کی طرح پھول کا احساس ڈس گیا

دل بے بسی کی قید سے آزاد جب ہوا
احساس مصلحت کے شکنجے میں کس گیا

پہنچا ہی تھا کنارے پہ مقصد کا سفینہ
ارشدؔ مرے نصیب میں طوفان بس گیا

زلفوں میں حسین چہرہ یا دھوپ ہے چھاؤں میں
سورج کا نظارہ ہے پرکیف گھٹاؤں میں

یہ روپ یہ چہرے پہ ہنستے ہوئے نظارے
گلزار کھلے جیسے کشمیر کے گاؤں میں!

کھلتے ہوئے ہونٹوں پہ کیا طرزِ تکلم ہے
بجنے لگی شہنائی، خاموش فضاؤں میں

بالوں کی لٹیں رخ پر انداز تبسم کا
بجلی کا بدن جیسے تڑپے ہے گھٹاؤں میں

احساس کے آنگن میں وہ رقص کو جب نکلے
جذبات مچل اٹھے گھنگھرو بھرے پاؤں میں

بے پردگی سب ہے ان کی اِک صبح بنارس کی
ہے شامِ اودھ ان کے پردے کی اداؤں میں

اِک ذات الٰہی کی الفت کے سوا ارشد
کوئی نہ ہوا اپنا دنیا کے خداؤں میں!

اظہارِ صداقت کا نہاں رہ نہیں سکتا
خاموش کبھی اہلِ زباں رہ نہیں سکتا

وہ جس کے درو بام سے پھینکے گئے پتھر
محفوظ وہ شیشے کا مکاں رہ نہیں سکتا

بے درد سے دنیا میں کیسے پیار رہیگا
جب آگ کے پہلو میں دھواں رہ نہیں سکتا

پھولوں کو بچانا ہے تو شعلوں کو بجھاؤ
شعلوں میں گلستاں کا نشاں رہ نہیں سکتا

ہو جاتا ہے آنکھوں سے عیاں جذبۂ پنہاں
احساس کے پردوں میں نہاں رہ نہیں سکتا

جب حرص کے ہاتھوں میں چلا جائیگا ترکش
پھر تیر کوئی زیرِ کماں رہ نہیں سکتا

اُجڑے ہوئے گلزار میں آئیں گی بہاریں
ارشدؔ یوں ہی یہ دورِ خزاں رہ نہیں سکتا

ایسی کبھی مصلحت سے مجھے واسطہ پڑا
سونے کے بدلے مٹی کو بھی تولنا پڑا

برتاؤ دوستوں نے کیا ایسا ناروا
پھر مجھ کو دشمنوں کی طرف لوٹنا پڑا

دستِ طلب دراز ہے غیروں کے سامنے
تنظیم واتحاد میں جب سے خلاء پڑا

ہر وقت بھیڑ رہتی ہے نفرت کی راہ میں
ویران اب خلوص کا ہر راستہ پڑا!

اربابِ عقل و ہوش کی اب بے حسی نہ پوچھ
جیسے کفن میں ہو کوئی انساں مرا پڑا

غم کی نظر سے تجھ کو بچانے کے واسطے
مجھ کو مری خوشی کا گلا گھونٹنا پڑا

جس کے سہارے چلتے ہیں کتنے گرے پڑے
ارشدؔ وہ کہہ رہے ہیں اسی کو گرا پڑا

کسی کے ساتھ بھلا کیا بُرا کیا میں نے
گل اپنے بانٹ دیا خار لے لیا میں نے

ملے گا کس طرح صحرا کی آگ میں پانی
سمندروں میں بھی خونِ جگر پیا میں نے

یہ کہہ دے جا کے کوئی میرے دشمنِ دل سے
کہ تارِ صبر سے پھر زخم سی لیا میں نے

عبث ہے اب یہ محبت یہ پیار کی باتیں
تمہاری یاد بھی دل سے بھلا دیا میں نے

مری تلاش میں نکلے اہلِ فن ارشد
جب اپنے آپ کو درویش کر لیا میں نے

اِس طرح کِر دار کی عظمت نمایاں کیجئے
دشمنوں کے ساتھ بھی بے لوث احساں کیجئے

قطرۂ شبنم کی صورت زندگی ہے عارضی
موت سے پہلے کوئی کارِ نمایاں کیجئے

فتنہ زاروں کو جلا کر شعلۂ احساس سے
سرزمینِ ہند کو رشکِ گلستاں کیجئے

یوں نہ اُلجھا کیجئے خاروں سے اربابِ چمن
یوں نہ پیدا اپنی بربادی کا ساماں کیجئے

دستِ گلچیں اِس طرف بڑھ جائے ممکن ہی نہیں
شرط ہے خاروں کو گلشن کا نگہباں کیجئے

تشنگانِ مے کہیں لوٹیں نہ حسنِ میکدہ
ناظمانِ میکدہ تقسیم یکساں کیجئے

حضرتِ ارشد! اگر شعروں میں ہو سوزِ حیات
انجمن میں دل کے تاروں کو غزلخواں کیجئے

اِس طرح اُن کو ہنسی آنے لگی
جیسے گُل پہ برق لہرانے لگی

زلف میں نظروں کی جِھلمل کی ادا
جگنوؤں کا جِسم تڑپانے لگی

مانگ میں افشاں کا منظر کیا کہوں
روشنی تاروں کی شرمانے لگی

ہنستے ہنستے اشک رُخساروں پہ آئے
پھول پر شبنم نظر آنے لگی

چلتے چلتے ہم کلامی کی 'ادا'
گیت جھرنوں کی صدا آنے لگی

جھوم کر اٹھلا کے چلنے کا سماں
ناؤ موجوں پر نظر آنے لگی

زیرِ لب ارشدؔ! تبسم دیکھنا
کیا صبا کلیوں کو چٹکانے لگی

پیار نفرت کا طلبگار ہے ایسا کیوں ہے ؟
امن کے ہاتھ میں تلوار ہے ایسا کیوں ہے

چشمِ احساس بتا صبر کے ویرانوں میں
ظلم کی شاخ ثمر بار ہے ایسا کیوں ہے؟

کل گنہگار کو اعزاز ملا کرتا تھا
بے خطا آج گنہگار ہے ایسا کیوں ہے؟

جس نے ساحل پہ ڈبوئے ہیں سفینے اکثر
پھر اسی ہاتھ میں پتوار ہے ایسا کیوں ہے؟

باغباں آج بھی افسوس ترے گلشن میں
پھول کی چھاؤں میں ہر خار ہے ایسا کیوں ہے؟

جس پہ قربان کیا میں نے نشاطِ ہستی
وہ مرے نام سے بیزار ہے ایسا کیوں ہے؟

دیکھتی رہتی ہیں آنکھیں یہ تماشہ ارشد
غیر فنکار بھی فنکار ہے ایسا کیوں ہے؟

پیش کر کردار کچھ حاصل نہیں گفتار سے
سُرخرو ہوتا ہے انساں جوہرِ کردار سے

مل ہی جائے گا کنارہ کشتیِ اُمّید کو
جوشِ طوفانِ بلا میں ہوش کے پتوار سے

عقل کے مارو ذرا کچھ ہوش کی باتیں کرو
رُک نہیں سکتا ہے طوفاں ریت کی دیوار سے

ضبط کے احساس میں شعلہ بھی ہے شبنم صفت
ورنہ گُل کی پنکھڑی بھی تیز ہے تلوار سے

بغض ہے شعلہ صفت اخلاص بحرِ بیکراں
بڑھتی ہے نفرت سے نفرت پیار پھیلے پیار سے

کامیابی بالیقیں ناکامیوں کا فیض ہے
کامرانی کا سلیقہ ہم نے سیکھا ہار سے

یہ نہ بھولیں آپ کہ کردار کی عظمت ہے اور
کام چل سکتا نہیں ارشدؔ فقط گفتار سے

نفرت کی ضد میں پیار کا پیکر نہیں بنا
دل گیر بن کے رہ گیا دلبر نہیں بنا

ذرّوں کو آفتاب بناتا ہے تو مگر
پتھر مرے نصیب کا گوہر نہیں بنا

گو اُس کے ساتھ میں نے گذاری ہے زندگی
اس کا نصیب میرا مقدر نہیں بنا

خلاقِ کائنات کے سانچے میں آج تک
تجھ سا کوئی جہان میں بہتر نہیں بنا

قطروں کے اشتراک سے ہے بحر بیکراں!
قطرہ خود اپنے آپ سمندر نہیں بنا

لاکھوں طرح سے اس کو تپایا گیا مگر
پتھر پگھل کے موم کا ہمسر نہیں بنا

بغض و حسد کے رنگ سے ارشد جہان میں
نفرت کا نقش پیار کا منظر نہیں بنا

بدلیں گے کیسے طور محبت شعار کے
چھپتے نہیں چھپائے سے انداز پیار کے

جھوٹی تسلیوں کے سوا کیا ہے انکے پاس
قابل کہاں رہے وہ مرے اعتبار کے

کب تک خزاں کے ماروں کو تلقینِ صبر ہو
کب تک سنائے جائیں فسانے بہار کے

ظلمت کدے میں شوق کے جلنے لگے چراغ
ممنون ہم ہیں گریۂ بے اختیار کے

غم پائیدار ہے، نہ خوشی پائیدار ہے
دو دن خزاں کے ہوتے ہیں دو دن بہار کے

کل جو رہے ملے تھے کھلے تسمِ اتحاد کی
وہ بھی شکار ہو گئے اب انتشار کے

منصور جیسے کتنے جیالے ثبوت ہیں
سولی سے بھی ڈرے نہیں دیوانے پیار کے

ارشد بتا رہا ہے مجھے ان کا اضطراب
اُلفت کی بازی جیت گیا دل کو ہار کے

بچ نکلنا کب اختیار میں ہے
زندگی موت کے حصار میں ہے

آرزو اور میرے دل کی بساط
ایک شعلہ سا ریگ زار میں ہے

کتنے سورج نگل گئی ظلمت
آس کا دیپ کس شمار میں ہے

جو خزاں میں کبھی مل نہیں سکتی
وہ اداسی بھری بہار میں ہے

نفرتوں کو بھی جس سے نفرت ہو
ایسی نفرت تمہارے پیار میں ہے

بیقراری میں تھا قرار مگر
آج تو بے کلی قرار میں ہے

حوصلوں کی نگاہ سے دیکھو
کامرانی کا راز ہار میں ہے

وہ بھی تم نے دیا نہیں ہم کو
جو تمہارے ہی اختیار میں ہے

نامرادی کی حد ہے یہ ارشد
جیت بھی اپنی آج ہار میں ہے

زندگی میں جو خوش صفات رہے
موت کے بعد بھی حیات رہے

کیوں طلبگارِ التفات رہے
جس کی مٹھی میں کائنات رہے

تم تو یوں ہی چلے گئے لیکن
ہم پریشان ساری رات رہے

بات کر لینا کوئی بات نہیں
بات جب ہے کہ اپنی بات رہے

ظلم کی دھوپ بھی بنے سایہ
صبر کا سر پہ اپنے ہاتھ رہے

کیسا سکون کیسی مسرت کہاں کی خیر
ان کے یہاں کی خیر نہ اپنے یہاں کی خیر

پھر انقلاب وقت کے ہاتھوں میں سنگ ہے
پھر شیشۂ حیات کے کچے مکاں کی خیر

ساون کی بوند بوند میں نفرت کی آگ ہے
اب کے بہار میں نہیں لالہ رخاں کی خیر

ہر ذہن، ہر شعور ہوس کار بن گیا!
ممکن نہیں ہے کہیں امن وا ماں کی خیر

بولے ہے سچ کو جھوٹ تو سچ جھوٹ کو کہے
مشکل ہے ایسے دور میں اہلِ زباں کی خیر

اب ذکر بھی فضول ہے ارشدؔ! یقین کا
جب لوٹ لی ہے وقت نے وہم و گماں کی خیر

میں جس سے بھی اپنا سمجھ کر ملا
بغل میں چھپائے وہ خنجر ملا

گہر بن گئی میرے آنسو کی بوند
صدف میں بھی ان کو تو پتھر ملا

سمندر سے قطرہ بھی پائے نہ وہ
مجھے بوند بھر میں سمندر ملا

کروں کیا بیاں وصف احباب کے
مجھے ایک سے ایک بڑھ کر ملا

نہ راس آئی مجھ کو کوئی آرزو
مقدر سے الٹا مقدر ملا

جدھر سے گل آنے کی امید تھی
ادھر سے ملا جب بھی پتھر ملا

سنا جب سے آئی چمن میں بہار
تو ہر سو اداسی کا منظر ملا

تمہارے لئے وہ معمہ سہی
مگر مجھ سے ہر دم وہ کھل کر ملا

ملاقات سے جس کی بچتا رہا
اُسے ارشدؔ اکثر ملا

خود فریبوں نے بظاہر تو مرا دل رکھا
صورتِ حق پہ مگر پردۂ باطل رکھا

پیار کے روپ میں چھپ چھپ کے ستم گاروں نے
بغض کے تیر سے اب تک مجھے بسمل رکھا

مجھ کو ساحل کی طرف دیکھ کے کچھ لوگوں نے
جانے کیا سوچ کے طوفان میں ساحل رکھا

عقل کے ماروں نے خود اپنا بھرم کھول دیا
ایک ٹوٹا دیا سورج کے مقابل رکھا

یہ عجب حسنِ تغیر ہے کہ اس ظالم نے
قتل میرا ہی کیا مجھ کو ہی قاتل رکھا

بے رُخی اِس سے سوا ہو گی بھلا کیا ارشد
مجھ کو بیگانۂ محفل سرِ محفل رکھا

ہر اک گام پر ہر گھڑی دیکھتا ہوں
لرزتی ہوئی زندگی دیکھتا ہوں

جنھیں دعوئ رہبری ہے جہاں میں
انھیں مائلِ گمرہی دیکھتا ہوں

بڑھاتی رہی جو اندھیروں کی ہمت
ہر اک سمت وہ روشنی دیکھتا ہوں

عجب طور بدلا ہوا ہے جہاں کا
کہ پردے میں بے پردگی دیکھتا ہوں

جو ڈوبے ہوئے ہیں غلط کاریوں میں
ہے حاصل انھیں برتری دیکھتا ہوں

جو گُن گایا کرتے تھے میری وفا کا
انھیں آج کل اجنبی دیکھتا ہوں

اے ارشد بُرائی سے مائل ہے دُنیا
شرافت کی ہر سو کمی دیکھتا ہوں

ہیرے مل نہیں سکتے کنکروں کے ڈھیروں میں
ڈھونڈتے ہیں دیوانے روشنی اندھیروں میں

روشنی میں رہ کر بھی ، روشنی نہیں ملتی
جہل کے اندھیرے ہیں علم کے سویروں میں!

ہوگیا جہاں خالی جوہرِ صداقت سے
پڑ گیا ہر اک انساں اب ہوس کے پھیروں میں

وقت کے نگہبانو! آپ کے 'تدبر' سے
گھر گیا جہاں سارا الجھنوں کے گھیروں میں

انقلاب نو آکر دھجیاں اڑا دے گا ،،
گو ابھی ہے تابانی ظلم کے پھریروں میں

التفات لازم ہے ، بے رخی کا رخ موڑ دو
بس نہ جائے مایوسی آس کے بسیروں میں

عقل کے دریچوں سے آئی یہ صدا ارشد
تو کہاں چلا آیا ، خوشنما اندھیروں میں

مست آنکھوں میں تری ہو گئے ہم گم جیسے
بادہ کش پیتے ہیں ہاتھوں میں لئے خم جیسے

میرے احساس کی کشتی میں تمہاری یادیں
رقص کرتا رہے موجوں میں ترنم جیسے

اُن کے چہرے پہ ہیں یوں حسن کے جلوے روشن
پھول کے چہرے پہ رہتا ہے تبسم جیسے

گفتگو پیار کی اس طرح سے چھیڑی تم نے
آبشاروں میں کرے کوئی تکلم جیسے

میرے اظہارِ تمنا پہ تمہارا عالم
بت کھڑے رہتے ہیں بت خانے میں گم صم جیسے

ختم ہو جائے گا احساسِ وفا بھی اے دوست
سبھی ہو جائیں گے دنیا میں اگر تم جیسے

چھٹ گئی ان کی بھری مانگ سے افشاں ارشد
لٹ گئے لوٹ کے افلاک کے انجم جیسے

جمالِ صبح کا آئینہ ہے ہنسی تیری
سکوتِ شامِ تمنا ہے خامشی تیری

ترے سنگار کی تنویر جانے کیا ہوگی
جب اس طرح سے لگے پُرکار سادگی تیری

نشاط، کیف، محبت، شعور سب کچھ ہیں
مری حیات میں گر ہے تو بس کمی تیری

تُو نفرتوں پہ نچھاور خلوص کرتی ہے
کرے گا کون محبت میں ہمسری تیری

ترا الم بھی مرے غم کے ساتھ سا کھڑا ہے
مری خوشی کا مقدر بنے خوشی تیری

مجھے جہاں کے اندھیروں کا خوف کیا ہوگا
مرے شعور میں رہتی ہے روشنی تیری

خدا کرے کہ شعورِ خلوص سے ارشدؔ
تمام عمر رہے دوستی مری تیری

نظر بھر کے دیکھیں اگر اُن کو ہم
وضو ٹوٹ جائے خدا کی قسم
یہ مخمور آنکھیں یہ بہکے قدم
ستم ہے سرورِ جوانی، ستم

مناسب نہیں ہے چلیں مل کے ہم
ترے ساتھ خوشیاں مرے ساتھ غم

سمجھتے ہیں اس راز کو لوگ کم
خوشی کی تمنّا ہے بنیادِ غم

کچھ اور آزما قوّتِ ضبطِ غم
ذرا اور! ہاں اور مشقِ ستم

ملا کیا محبّت میں اس کے سوا
ملن کی مسرّت جدائی کا غم

نہ جانے مرے دل میں کب تک رہے
شرافت کی الجھن، صداقت کا غم

ہے آغاز آئینہ انجام' کا
ستم بن نہ جائے اُمیدِ کرم
ہیں شاہد مرے دل کی بپتا بیاں
تمہیں چاہتا ہوں تمہاری قسم
چلا جب میں ارشد! سوئے میکدہ
بلاتے رہے مجھ کو دیر و حرم

شریف آج زردار بننے چلے ہیں!
کہ دیوانے ہشیار بننے چلے ہیں

جہاں نخل خود رَو ہیں اُگنے سے قاصر
وہ صحرا ابھی گلزار بننے چلے ہیں

ہمیشہ رہے جو اندھیروں کے ساتھی
اُجالوں کے غم خوار بننے چلے ہیں

جو بکتے رہے چند سکوں پہ وہ بھی
وفا کے خریدار بننے چلے ہیں

چمن در چمن آج کانٹوں کے بانی
گلوں کے طرفدار بننے چلے ہیں

جو ڈرتے ہیں ساحل کی لہروں سے ارشد
وہ کشتی کی پتوار بننے چلے ہیں

مائل جو ہو گیا ہے تمہارے شباب پر
گویا ثواب لٹ گیا حسنِ عذاب پر

پانی کی بوندیں ان کے رُخِ بے نقاب پر
بکھرے ہیں جیسے گوہرِ شبنم گلاب پر

درپن میں ان کے روئے حسیں کا ہے عکس یوں
جیسے کنول ہو جھیل کے شفاف آب پر

ان کی نگاہِ مست پہ سب کی نظر ہے یوں
جیسے نگاہ رند کی جامِ شراب پر

بکھری ہے زلف چہرۂ روشن پہ اس طرح
جیسے گھری ہوئی ہے گھٹا آفتاب پر

حسن و ادا و ناز پہ میری بساط کیا
مر جائیں گے ملک بھی تمہارے شباب پر

ارشد کی خوبیوں کو حسد کا نہیں ملال
ڈالے گا کیا حجاب کوئی آفتاب پر

جنونِ شوق ذرا دیکھ کیا کیا میں نے
کہ جان بوجھ کے زہرابؔ پی لیا میں نے

ہے میرے ظرف کی وسعت بھی داد کے قابل
جو درد ہے تجھے انھیں بھی ہنسا دیا میں نے

ہے اعتراف زمانے کو میری وسعت کا
حجابِ ناز کو بڑھ کے اٹھا دیا میں نے

گوارہ کیوں نہ ہوئی مجھ کو تیری رسوائی
کہ تارِ صبر سے زخموں کو سی لیا میں نے

کمالِ فن کا یہ اعجاز کم نہیں ارشدؔ
کہ ساری بزم کو حیران بنا دیا میں نے

جفائے وقت کو رسوا نہ پایا
اسے شرمندۂ دنیا نہ پایا

فریبِ دوستی میں کیا نہ پایا
محبت کا صِلہ اچھا نہ پایا

سلوکِ دوستاں کیا پوچھتے ہو
کِسی کو مہرباں اپنا نہ پایا

غرور و تمکنت میں خود سَری میں
ہزاروں ہیں مگر تم سا نہ پایا

ہزاروں انقلاب آئے جہاں میں
خودی کے رنگ کو پھیکا نہ پایا

جِسے حاصل سکونِ زندگی ہو
کِسی انساں کا دِل ایسا نہ پایا

کمالِ علم و فن سے زندگی میں
ابھی ارشدؔ نے کچھ کھویا نہ پایا

بے تکے اُجالے

دے رہے ہیں یہ دھوکا راہ چلنے والوں کو
جھونک دو اندھیروں میں بے تکے اجالوں کو

سچ کو جھوٹ کہنے سے جھوٹ سچ نہیں ہوتا
وہ دکھانے آئے ہیں آئینہ مثالوں کو

یہ حسین دھوکے ہیں خود فریبِ انسانو!
کیا سمجھ رہے ہو تم ان ہوس کے جالوں کو

باز آ نہیں سکتے، یہ تو اپنی فطرت سے
آزما رہے ہو کیوں آستیں کے پالوں کو

زعمِ خود پسندی نے نامُراد رکھّا ہے
ایک عیب لے ڈوبا سینکڑوں کمالوں کو

مخلصی کے پردے میں ہوتی ہے نمک پاشی
دوستو چھپا رکھو دل کے جلتے چھالوں کو

سوچتا رہا عالم دیکھتی رہیں آنکھیں
انتشار نے مارا کتنے باکمالوں کو

قرب سے سمندر کے تشنگی نہیں بجھتی
مفلسوں سے کیا نسبت سیم و زر کے پالوں کو

کب ہوا؟ ہم اب ہوگا اتفاق اے ارشد
کام کرنے والوں سے بات کرنیوالوں کو

غیر تو غیر ہے اپنا بھی پرایا نکلا!
جس کو ہم پھول سمجھتے تھے وہ کانٹا نکلا

مطلب اس دور میں ہر بات کا الٹا نکلا
بے حیائی کا سبب شرم کا پردہ نکلا

نہ یہ مسجد، نہ وہ مندر نہ شوالہ نکلا
باعثِ فتنہ و شر حرص کا جذبہ نکلا

جس کی ہر بوند پہ دریا کا گماں ہوتا ہے
وہ سمندر بھی مرے ظرف میں قطرہ نکلا

کیسے صحرا کی فضاؤں میں سے ملے گا پانی
میں تو ساون کی بہاروں میں بھی پیاسا نکلا!

موجِ گرداب میں منہ کھول رہا ہے دریا
ایک ہم ہی نہیں پانی بھی تو پیاسا نکلا

ایک دھوکا ہے زمانے کی ترقی ارشدؔ
علم کا نور جہالت کا اندھیرا نکلا

مجھے تم سے تمہیں ملنے کی مجھ سے آس ہے جیسے
تمہارے دل کی ہر دھڑکن مرا احساس ہے جیسے

تمہاری یاد یوں تشریف فرما ہے مرے دل میں
محبّت کی انگوٹھی میں حسیں الماس ہے جیسے

مرے فکر و تخیّل میں کچھ ایسا بس گیا ہے وہ
کہ ہر پل، ہر گھڑی، ہر لمحہ میرے پاس ہے جیسے

وہ میں پیشِ نظر ہے پھر کبھی ہم اُن سے مل نہیں سکتے
سمندر میں کسی پیاسے کی پیاسی پیاس ہے جیسے

یوں ہی میں بھی تمہارے پاس رہ کر دُور رہتا ہوں
امیروں کی نظر سے دُور دُور افلاس ہے جیسے

دلوں کے رام کا دشمن بنا ہے حرص کا راون
یہ دنیا زندگی کا مستقل بن باس ہے جیسے

کوئی امید بر آتی نہیں کیا بات ہے ارشدؔ!
مری ہر آرزو آئینہ دارِ یاس ہے جیسے

مری نگاہ کا مخصوص انتخاب ہے تو
جواب جس کا نہیں ہے وہ لاجواب ہے تو

تری مہک سے معطر ہیں میرے احساسات
مری امید کے گلزار کا گلاب ہے تو

شعور ہوتا ہے بیدار تیرے جلووں سے
جواں ہو فکر و نظر جس سے وہ شباب ہے تو

سرور و کیف سے مسرور ہر ادا تیری
خمار اتر نہ سکے جس کا وہ شراب ہے تو

ترے جمال سے رنگیں ہے کائنات جمال
نقاب میں بھی بصد ناز بے نقاب ہے تو

ہزار بار پڑھا تجھ کو میری آنکھوں نے
سمجھ میں آئی نہ اب تک جو وہ کتاب ہے تو

خلوص و مہر کے تارے ترے تبسم ہیں!
وفا کا چاند، محبت کا آفتاب ہے تو

جہاں کو تیرے مقدر پہ رشک ہے ارشد
خوشا حریم تمنا میں باریاب ہے تو

پیار کی راہوں پہ کیا چلے / نفرتوں کی گود کے پلے
پھونک کے پیتے ہیں چھاچھ بھی / زندگی میں دودھ کے جلے
آدمی سبھی برے نہیں / کچھ نہ کچھ ضرور ہیں بھلے
دھوپ سہے کے چھاؤں دیتا ہے / بیٹھ ذرا پیڑ کے تلے
سینکڑوں طوفان سے لڑے / دیکھ کتنا دیے کے حوصلے
دھوپ تو پھر دھوپ ہے مگر / ہم تو تیری چھاؤں میں جلے
یوں ہے میرے من میں تیری پریت / جیسے چمن میں پون چلے
دل نہیں ملے تو فائدہ؟ / لاکھ وہ اگر ملے گلے
آپ تو آئے نہ رات بھر / من میں دیئے پریم کے جلے
تیرے میرے من کی جھیل میں / ناؤ سدا پیار کی چلے
وہ بنا ملے ہی چل دیئے / دل میں رہے دل کے ولولے

ارشد آج پھر بلا وجہ!
جل رہے ہیں لوگ تو جلے

فکر و احساس کو مجبورِ تمنا نہ کرو
حرص کی راہ پہ چلنے کا ارادہ نہ کرو

عشق نے دولتِ کونین کو ٹھکرایا ہے
خود نمائی کا سرِ راہ تماشا نہ کرو

یہ تو ممکن ہی نہیں حسنِ سحر سے پہلے
شبِ دیجور سے سورج کا تقاضہ نہ کرو

پیار بِکتا نہیں بازارِ ہوس میں دِلبر
پیار انمول ہے، انمول کا سودا نہ کرو

بات اچھی ہے تو سو جان سے دل میں رکھو
چھوڑ دو کوئی بُری بات کو سوچا نہ کرو

تم کو عقبیٰ کی طلب ہے تو بہر حال کبھی
جھوٹے اسباب پہ دنیا میں بھروسہ نہ کرو

یاد اگر آؤ تو تسکینِ تمنا بن کر،
یا تو ارشد کو کبھی یاد بھی آیا نہ کرو!

سمجھے ہیں وہ جسے حجاب، یہ بھی کوئی حجاب ہے
رُخ پر نقاب ہے مگر انداز بے نقاب ہے

سمجھا سکوں گا اس کو خاک اب تک نہ جو سمجھ سکا
جاہل کے ہر سوال کا اِک خامشی جواب ہے

اُن کا تو ذکر ہے عبث، کم فکر، کم نظر ہیں جو
اہلِ نظر کے سامنے دُنیا کھلی کتاب ہے

درد وہی، الم وہی، کرب وہی ہے، غم وہی
کچھ بھی نہیں بدل سکا، یہ کیسا انقلاب ہے

اِک امتحان بن گئی، بیمارِ غم کی زندگی
ہر لمحہ اک نئی بلا، ہر سانس اک عذاب ہے

جو کچھ نہ پا سکا کبھی، سمجھو کہ سب وہ پا گیا
ناکامِ راہِ شوق ہی، دراصل کامیاب ہے

اُن سے وفا کی آرزو رکھتے ہیں جو جفا کی خُو
ارشدؔ! نظر کے سامنے دھوکہ ہے اک سراب ہے

جو بشر خلق والفت کا پیکر نہیں
وہ صدف ایسا ہے جس میں گوہر نہیں

وہ سمندر صفت، میں سمندر نہیں
جس سے پیاسے کو قطرہ میسر نہیں

بھول کبھی جائیے ذکرِ عہدِ وفا
ایسی ہاں سے تو سو درجہ بہتر نہیں

ہائے محرومیاں، ہائے ناکامیاں
تھے جو اڑنے کے پر آج وہ پر نہیں

طالبِ رحم ہیں، شیشہ سامانیاں
کون ہے ہاتھ میں جس کے پتھر نہیں

ظلم اور جبر کے سامنے جو جھکے
وہ تو کہنے کو سر ہے، مگر سر نہیں

رونقِ بام و در چھین لی وقت نے
جس کو کہئے مرا گھر، مرا گھر نہیں

اُس کے رخسار شبنمی جیسے
روشنی پر ہے روشنی جیسے

کون یہ بے نقاب آیا ہے
رک گئی چاند کی ہنسی جیسے

اُن کے عہدِ شباب کا منظر
گلستاں پر شگفتگی جیسے

اُن کے ہونٹوں کی مسکراہٹیں
کھل رہی ہے کوئی کلی جیسے

اُن کا چہرہ ہنسی کے عالم میں
پھول پر برق گر گئی جیسے

اُن کا اندازِ گفتگو ایسا
آبشاروں کی نغمگی جیسے

اُن کا عہدِ شباب اے ارشدؔ
میری رنگین شاعری جیسے

خزاں کے دور میں تو نے مجھے بہار دیا
ترے خلوص نے دنیا مری سنوار دیا

عروجِ زیست بھی جھکتا ہے میرے قدموں پر
تباہ کار بلندی سے یوں اتار دیا

مرے وجود سے اوجھل ہیں ظلمتوں کے نشاں
خیالِ یار نے وہ فکرِ جلوہ بار دیا

مری حیات کا اک اک حواس جاگ اٹھا
وہ برق بار مجھے تو نے آبشار دیا

ترے کرم کا ہے احسان مند میرا وجود
نظر سے سب کی گرایا مجھے ابھار دیا!

خود اپنے آپ سے نفرت سی ہو گئی مجھ کو
قسم خدا کی مجھے تو نے ایسا پیار دیا

ملاحظہ ہو یہ ارشدؔ! کمالِ چارہ گری
جگر کے زخم کو کچھ اور بھی نکھار دیا

آپ کھیلیں حسیں نظاروں سے
ہم کہ محروم ہیں بہاروں سے

پوچھتے کیا ہو غم کے ماروں سے
کب نبھی ہے گلوں کی خاروں سے

ہم نے طوفانِ غم کو پار کیا
آپ ڈرتے رہے کناروں سے

محفلِ ناز میں ترے تیور!
ہم سمجھتے رہے اشاروں سے

جذبۂ عشق، گر سلامت ہے
پھول بن جائیں گے شراروں سے

انقلابِ حیات اٹھے گا!
وقت کے تیز و تند دھاروں سے

جن کا دل مطمئن ہے اے ارشد!
کم نہیں ہیں وہ تاجداروں سے

بزمِ عالم میں رہیں کیوں نہ مثالوں کی طرح
ہم اندھیروں میں بھی جیتے ہیں اُجالوں کی طرح

کل تو شعلوں میں بھی تھا شرم کا پانی لیکن
آج تو پھول بھی جلنے لگے چھالوں کی طرح

جن کے ہاتھوں میں شرافت کی کلیدیں ہیں وہی
بابِ اخلاص پہ ہیں بغض کے تالوں کی طرح

ایسے لگتا ہے کہ ساقی ترے میخانے میں
تشنگی میری ہے ٹوٹے ہوئے پیالوں کی طرح

روئے مہتاب پہ سرمست گھٹاؤں کا سماں
تیرے چہرے پہ ہے بکھرے ہوئے بالوں کی طرح

تیرگیٔ غمِ احساس پہ تیری یادیں
میری راہوں میں رہیں چاند کے ہالوں کی طرح

میں نے سمجھا جسے اُلفت کا مسیحا ارشد!
وہ مرے ساتھ ہے قاتل کے خیالوں کی طرح

پڑا جب اندھیروں سے پالا مجھے
اندھیروں نے بخشا اُجالا مجھے

بگڑتے رہے مجھ کو سنبھلے ہوئے
بگڑوں نے ہمیشہ سنبھالا مجھے

مرے گرد تھا دشمنوں کا حصار
مرے حوصلوں نے نکالا مجھے

مری فکر نے جس پہ تکیہ کیا
اُسی نے بھروسے پہ ٹالا مجھے

تباہی کا باعث ترا پیار تھا
تری بے رُخی نے سنبھالا مجھے

سرِ بزم کہہ دی تھی میں نے جو بات
وہ دیتے ہیں اب تک حوالا مجھے

رہا بے نیازی سے میں سُرخرو
طلب نے خسارے میں ڈالا مجھے

کناروں نے ارشد ڈبویا مگر
تلاطم نے اکثر اُچھالا مجھے

کیچڑ میں تو اُگیں گے ہمیشہ کنول کے بیج
بالوں کے پتھروں میں اگاؤ عمل کے بیج

سیتا کا رونا رونے سے کچھ فائدہ نہیں
راون صفت دلوں میں اگا رام پھل کے بیج

زرخیز مٹیوں میں بھی بے فائدہ رہے
افسوس ایسے کیسے ہیں یہ آج کل کے بیج

ہے ناچنے والی سے بھی کم اِن کی آبرو
گھنگرو سے بجتے رہتے ہیں اکثر یہ ہلکے بیج

جن پیڑوں کے وجود نے ان کو جنم دیا
آنکھیں دکھائیں ان کو بھی یہ پل دو پل کے بیج

ایسے شجر سے کیا ملے سایہ خلوص کا!
جن سے وجود پائے کپٹ اور چھل کے بیج

کیسی یہ باغبانی ہے کیسی ہے یہ زمیں
ساون میں بھی یہ کیسے ہوئے خاک جل کے بیج

ماحول ساز گار اگر مل گیا اُنھیں
ابھریں گے ہر زمیں سے برابر نکل کے بیج

گلزار بن کے مہکیں گے ارشد ضرور ہم
ویران ریگزاروں میں بو کر غزل کے بیج

گلستاں میں بکھرے ہیں انتشار کے آنسو
پھول پھول کے رُخ پر ہیں بہار کے آنسو

پالیا صلہ ہم نے آج اپنی اُلفت کا
نفرتوں کی آنکھوں سے روئے پیار کے آنسو

چن لے دل کے ہاتھوں سے زندگی کے دامن میں
لازوال و لاقیمت ہیں یہ پیار کے آنسو

میری اشکباری پر آپ مسکرائے تو،
ہیں قرار کے باعث، بے قرار کے آنسو

کون ناپ سکتا ہے اُن کے دِل کی گہرائی
سینکڑوں سمندر ہیں چند پیار کے آنسو

اپنے مضطرب دِل کی تشنگی بجھانے کو
جو بچے ہیں آنکھوں میں پی تمہارے کے آنسو

نامُراد پیاسوں کی پیاس بجھ گئی ارشد
کامیاب نکلے ہیں ہیں، اپنی ہار کے آنسو

باغباں کی یہ خوب سازش ہے
آگ پر باغ کی نمائش ہے

شیشۂ دل سنبھال کر رکھیئے
ہر طرف پتھروں کی بارش ہے

ہر نظر میں سما گئی ظلمت
کیسا سورج ہے کیسی تابش ہے!

تشنہ لب رہ گئی زمیں زرخیز
ریگزاروں پہ سخت بارش ہے!

موسم گل سمجھ رہے ہو جسے
دل کے زخموں کی یہ نمائش ہے

رات الجھن ہے، دن پریشانی
زندگی ہے کہ آزمائش ہے؟

آرزوؤں سے کچھ نہیں ہوتا
آرزوؤں کی جان کاوش ہے

تم نہ چاہو تو کوئی بات نہیں!
میری خواہش تو صرف خواہش ہے

پہلے خود اپنی کیجئے اصلاح آپ سے یہ مری گذارش ہے

یہ سویرا کوئی سویرا ہے
جس طرف دیکھیئے اندھیرا ہے

انسیت کی بجائے انساں کو
جذبۂ خود سری نے گھیرا ہے

جو مرا کام تھا کیا میں نے
آگے اب اختیار تیرا ہے

ہر قدم ہے مرا فلک پیما
گو مرا فرش پہ بسیرا ہے

جو گیا اس کی فکر ہے بے سُود
جو ملا وہ نصیب تیرا ہے

راہِ ہستی میں آج کا انساں
آپ اپنا ہی خود لٹیرا ہے

تھک کے بیٹھو نہ راہ میں ارشد
چل پڑو بھی ابھی سویرا ہے

اُس سے پیمانِ وفا کس کو گوارا ہوگا!
جو خود اپنا نہ ہوا کیسے ہمارا ہوگا

رہنے دے دوشِ تلاطم پہ سفینہ اپنا
دیکھ طوفاں سے خطرناک کنارا ہوگا

جس کو دُنیا میں کسی کا بھی سہارا نہ ملا
بے سہاروں کا وہی شخص سہارا ہوگا

سعیٔ تدبیر بھی درکار ہے مقصد کے لئے
صرف امید پہ کس طرح گذارا ہوگا

دیکھنے والے نہ ہوں گے تو نمائش کیسی
ہم نہ ہوں گے تو کہاں حسنِ نظارا ہوگا

اِلتفاتِ نگہہِ ناز بتا دے مجھ کو
اوج پر کب مری قسمت کا ستارا ہوگا

سحر ساماں ہیں ارشدؔ کے کمالات اے دوست
وہ ترے سامنے کچھ سوچ کے ہارا ہوگا

تم اپنے حسن کی تابانیوں میں ڈوب گئے
شباب و شعر کی رعنائیوں میں ڈوب گئے

کبھی تو سازِ مسرت پہ نغمہ بار ہوئے
کبھی تو رقص کی جولانیوں میں ڈوب گئے

بہ اہتمام جو پہنچے حضورِ آئینہ
ادا و ناز کی پرچھائیوں میں ڈوب گئے

نگارِ صبح سے مہتاب پڑ گیا پھیکا
ستارے مہر کی تابانیوں میں ڈوب گئے

کچھ عزم پختہ لئے چل پڑے سوئے منزل
جو پیچھے رہ گئے ناکامیوں میں ڈوب گئے

میں امتحانِ محبت میں کامیاب رہا
وہ بے شعور خود آرائیوں میں ڈوب گئے

ضیائے علم سے ارشدؔ ہے فیضیاب مگر
ہزاروں جہل کی تاریکیوں میں ڈوب گئے

ہو گئے ہنستے ہنستے سنجیدہ
بات کچھ آ گئی ہے پیچیدہ

ہیرے بن جائیں گے یہی انمول
جو ہیں یہ سنگِ ناتراشیدہ

مسئلے وقت کے تدبر سے
اور بھی ہو گئے ہیں پیچیدہ

کچھ ستم ہیں حیا کے پردے میں
کچھ ادائیں ابھی ہیں نادیدہ

اُن کا طوفاں میں حال کیا ہوگا
جو لبِ جُو کھڑے ہیں لرزیدہ

جام و مینا کی خیر، بادہ کشو
دستِ ساقی ہے آج لرزیدہ

ہیں لبوں پر خلوص کی، باتیں
بُغض و کینہ دِلوں میں پوشیدہ

آنکھ ہے ابروؤں کے سائے میں
یا اندھیرے میں برق رقصیدہ

کیا ترقی نصیب ہو ارشدؔ سوچ پامال ذہن بوسیدہ

فن کار پہ نااہل، کمینے غالب
الماس پہ شیشے کے نگینے غالب

ساحل پہ ہوئے غرق خرد کے بیڑے
طوفان پہ بیہودہ سفینے غالب

اے دولتِ دنیا تجھے حاصل کرکے
شرفاء پہ ہیں زردار کمینے غالب

اے دخترِ زر اس کی خبر ہے ہم کو
تجھ پر نہیں محنت کے پسینے غالب

تہذیبِ فرنگی کا کرشمہ دیکھو
صدیوں پہ ہوئے ہفتے مہینے غالب

ہیں مُدعی حق بات کے لاکھوں لیکن
باطل پہ کیا حق بھی کسی نے غالب

اب دل میں کہیں سودِ محبت نہ رہا
ارشد ہوئے اخلاص پہ کینے غالب

علم جن کا فقط کتابی ہے
اُن کے ہر کام میں خرابی ہے

ہے بظاہر نقاب چہرے پر
لیکن انداز بے نقابی ہے

اُس کا کردار جانے کیا ہو گا
جس کی گفتار انقلابی ہے

میں نے کب کی پہل عداوت میں
میرا اقدام تو جوابی ہے

آپ کو تجربوں سے کیا نسبت
آپکا علم تو کتابی ہے

شیخ جی آپ کی یہ مست روی
میں تو سمجھا کوئی شرابی ہے

اہل ہمت کے سامنے ارشد
نامرادی بھی کامیابی ہے

جو اپنی فطرتِ ناپاک سے مجبور رہتے ہیں
اندھیروں کی طرح وہ روشنی سے دُور رہتے ہیں

جو ہیں فکر و عمل سے جذبۂ احساس کے حامل
جہادِ زندگانی میں وہی منصور رہتے ہیں

تمہارے ظلم کی تشہیر ہے سارے زمانے میں
کتابوں میں ہی سارے عدل کے دستور رہتے ہیں

انہیں کیا منزلِ مقصود کے جلوے نظر آئیں
خود اپنے آپ سے جو آج بھی مستور رہتے ہیں

جو طوفانوں کی زد میں ناخدا سے ہو گئے بدظن
ہمیشہ ان کی کشتی سے کنارے دور رہتے ہیں

نظر سے دُور ہیں اس سے کہاں انکار ہے مجھ کو
مگر ارشدؔ! مرے دِل سے کہاں وہ دور رہتے ہیں

اندھیری رات میں جگنو سا جگمگاتا وہ
بھٹکتے ہم تو کوئی راستہ دکھاتا وہ

شجر کے جسم پہ کتنے نشاں تھے پتھر کے
پھلوں کی فصل میں کیسے سکون پاتا وہ

تھے ان کی آنکھوں میں سنگین چیختے منظر
کلیجہ ہاتھ میں رکھ کر کدھر سے جاتا وہ

اڑا تھا تیز مخالف ہوا کے رُخ پر جو،
پروں کی آگ سے کیسے بدن بچاتا وہ

اُبھرتا شور تھا جھرنوں میں زندگانی کا
قریب جاتا تو ان میں ہی ڈوب جاتا وہ

ہرن اُداس تھا جنگل کی تپتی راہوں میں
کہ پیاس گرم سرابوں سے کیا بجھاتا وہ

تھی پیاس صحرا کی لپٹی ہوئی بگولوں سے
گزرتا کوئی تو گہرے بھنور میں جاتا وہ

خلوص دل میں نہیں پھر بھی لوگ ملتے ہیں
فریب عام تھا دامن کبھی کیا بچاتا وہ

خفا ہے شہر کے لوگوں سے کس لئے ارشدؔ کچھ اس سے پوچھتے ہم تو سبب بتاتا وہ

بہتری کوئی بہتروں میں نہیں
کون سی کھوٹ اب کھروں میں نہیں

مالکوں میں جو ہم نے دیکھی ہے
بے ضمیری وہ نوکروں میں نہیں

پیاس بجھتی نہیں کناروں کی
پیاس کا حل سمندروں میں نہیں

مانا سو طرح کے ہیں رنگ مگر
رنگ راحت کا منظروں میں نہیں

پیار کی آس نفرتوں سے نہ رکھ
گل کا احساس پتھروں میں نہیں

کر لوں اک بار پھر طوافِ چمن
اتنی طاقت مرے پروں میں نہیں

عیب بھی خوبیوں میں تلتا ہے
عیب کیا کیا ہنروروں میں نہیں

جو نظر آئی آنسوؤں میں ہمیں
تابناکی وہ گوہروں میں نہیں

سامنا جب سے ہو گیا ارشد!
خودسری تیرے خودسروں میں نہیں

بے خودی میں خدا سے لڑ بیٹھے
اثرِ التجا سے لڑ بیٹھے

اِک ہوس کے فتور میں پڑ کر
لوگ صبر و رضا سے لڑ بیٹھے

کوہساروں کے شہر میں جا کر
آپ اپنی صدا سے لڑ بیٹھے

کیا ملے گا سُراغ منزل کا
راہرو، رہ نما سے لڑ بیٹھے

میں جو بولوں گا سچ ہی بولوں گا
پھر وہ مجھ سے بلا سے لڑ بیٹھے

مجھ سے وہ یوں الجھ گئے جیسے
کشتی موجِ بلا سے لڑ بیٹھے

یہ کسی کو خبر نہیں ارشد
زندگی کب قضا سے لڑ بیٹھے

حسنِ فریب کار سے ہر دل اُداس ہے
اب طالبانِ دید کی محفل اداس ہے

منزل کی راہ میں کہیں خطرات تو نہیں
چلنے سے پہلے رہبرِ منزل اداس ہے

پھر کون سے فریب کی پردہ دری ہے یہ
بسمل کا لاشہ دیکھ کے قاتل اداس ہے

یارب سکوتِ بحر میں کشتی کی خیر ہو
موجیں خموش ہو گئیں ساحل اداس ہے

اُن کی اداسیوں کا مجھے کیوں ملال ہو
حق بات سے ہر اک رہِ باطل اداس ہے

خود داریٔ وفا کا تقاضہ لئے ہوئے
ہنسنے کو ہنس رہا ہے مگر دل اداس ہے

ارشدؔ! ترے حسین خیالوں کے سامنے
تارے ہیں دم بخود مہِ کامل اداس ہے

جو راہِ شوق میں گر کر سنبھل گیا ہوگا
وہ زندگی سے بھی آگے نکل گیا ہوگا

یہ بدلی بدلی نگاہیں مجھے بتاتی ھیں
مرے خلاف کوئی زہر اُگل گیا ہوگا

اُداس پھولوں کے چہرے ہیں کیوں بہار دنیں
دل ان کا آتشِ شبنم سے جل گیا ہوگا

چمن میں گل تو نہیں ہے مگر ہے ٹوٹے گل
ضرور کوئی تو کلیاں مسل گیا ہوگا

ہمیشہ اپنوں نے لوٹا ہے مل کے اپنوں کو
گلوں کی آگ سے گلزار جل گیا ہوگا

جگہ جگہ نظر آتے ہیں خون کے قطرے
شکار ہاتھ سے بچ کر نکل گیا ہوگا

وہ آج کیوں سرِ محفل اُداس بیٹھے ہیں
ہمارے غم کا بتہ اُن کو چل گیا ہوگا

ہے زرد رنگ سماں آنسوؤں کی بوندوں میں
جگر میں درد کا سونا پگھل گیا ہوگا

بہارِ غم نہ رہے گی تمہارے آنے تک
تم آؤ گے تو زمانہ بدل گیا ہوگا

دھواں دھواں سا فضا پر یہ کیسا چھایا ہے
چراغ شام سے پہلے ہی جل گیا ہوگا

میں جانتا ہوں رقیبوں کی تنگ نظری کو
وہاں تو سب کو مرا نام کھل گیا ہوگا

بتا رہی ہے خموشی سکونِ ساحل کی
سفینہ موجِ بلا سے نکل گیا ہوگا

بجا کہ اُن کو غرورِ کمال ہے ارشد
مرے خیال سے کس بل نکل گیا ہوگا

وہ جو وقت کے ساتھ چلتا نہیں
کبھی الجھنوں سے نکلتا نہیں

اُدھر وہ ذرا بھی پگھلتا نہیں
اِدھر دل سنبھالے سنبھلتا نہیں

تہوں میں جو لاوا کھولتا نہیں
زمینوں کے باہر نکلتا نہیں

عمل کے لئے تو عمل چاہیئے
فقط بات سے کام چلتا نہیں

مخالف جب ہوتی ہے تقدیر تب
صدف میں بھی موتی نکلتا نہیں

مجھے روکنے کی تُو تدبیر کر!
اگر مجھ سے آگے نکلتا نہیں

ہوا تیز نفرت کی ہے ہر طرف
کہیں پیار کا دیپ جلتا نہیں

عجب ملک ہے یہ یہاں پر کبھی
غریبی کا موسم بدلتا نہیں

برگ و ثمر میں آگ گلِ تر میں آگ ہے
ساون کی بوند بوند کے منظر میں آگ ہے

سارا چمن لپیٹ میں شعلوں کی آگیا
کیسے کہوں بہار کے پیکر میں آگ ہے

جل کر نئے مکان بھی تعمیر ہو گئے
لیکن ابھی بھی دستِ ستمگر میں آگ ہے

لیکر حیاتِ تازہ اُفق پر ہے آفتاب
معلوم ہو رہا ہے سمندر میں آگ ہے

ہر دل میں راکھ ہو گیا احساس اتحاد
کیسی یہ انتشار کی گھر گھر میں آگ ہے

کیوں میرا زخم زخم شرر بار ہو گیا
کیا میرے چارہ ساز کے نشتر میں آگ ہے

یوں قتل کیا ہوا کہ فضا ہی بھڑک اٹھی
ہے میرے خوں میں آگ کہ خنجر میں آگ ہے

کچھ کام کر گئیں مری شعلہ نوائیاں
پتھر پگھل رہا ہے کہ پتھر میں آگ ہے

رکھتی ہے آگ اپنے پرائے کا امتیاز
کیوں صرف دل جلوں کے مقدر میں آگ ہے

افراطِ اضطراب سے یوں نیند اڑ گئی
جیسے کہ تیری یاد کے بستر میں آگ ہے

حالات کا شعور ہے سورج سے ہمکنار
ارشدؔ خیال و فکر کے تیور میں آگ ہے

شعور دنکر کا منظر مری تلاش میں ہے
جنونِ عشق برابر مری تلاش میں ہے

مذاقِ عشق سے پرہیز کر رہا ہوں میں
نگاہِ حسن مکرر مری تلاش میں ہے

وہ راہ رَو ہوں کہ منزل بھی جس پہ ناز کرے
کمال یہ ہے کہ رہبر مری تلاش میں ہے

ہے اعتراف انہیں میری بے گناہی کا
ہر ایک چشمِ ستمگر مری تلاش میں ہے

وہ جس نے کل مجھے پتھر سمجھ کے پھینک دیا
وہ آج طالبِ گوہر مری تلاش میں ہے

تمام عمر جسے 'خونِ دل' پلایا تھا
لئے وہ ہاتھ میں خنجر مری تلاش میں ہے

میں ایک ذرّہ ناچیز ہوں مگر ارشدؔ
ہنوز مہرِ منوّر مری تلاش میں ہے

نہ تو طوفان میں ڈوبا نہ بھنور میں ڈوبا
میرے مقصد کا سفینہ مرے گھر میں ڈوبا

بچ نہیں سکتا ہنرور کبھی ہنر کی زد سے
ہم نے دیکھا ہے ہنرمند ہنر میں ڈوبا

جل رہا ہے جو اندھیروں میں چراغوں کی طرح
وہ تبسم کبھی تِرا دیدۂ تر میں ڈوبا

کشتیاں ڈوب کے ابھری ہیں تلاطم سے مگر
وہ نہ ابھرا کبھی جو تیری نظر میں ڈوبا

اس کو گرداب کی موجوں نے اچھالا لیکن
آیا ساحل پہ تو لہروں کے اثر میں ڈوبا

شب کی ظلمات میں اُبھرا تھا اُجالے لیکر
لیکن افسوس تمر حُسنِ سحر میں ڈوبا

کوئی ساتھی نظر آتا ہے نہ منزل ارشد
مہرِ امید مرا راہ گزر میں ڈوبا

عیب مجھ میں نکالنے والا !!
ہے مرا فن اُچھالنے والا

تجھ سا شاطر کہیں نہیں دیکھا
باتوں باتوں میں ٹالنے والا

خود بھی ٹوٹے گا کانچ کے گھر میں
پتھروں کو اُچھالنے والا

ساحلوں پر نظر نہیں رکھتا
تہہ سے موتی نکالنے والا

اپنی پگڑی سے ہاتھ دھو بیٹھا
سب کی پگڑی اچھالنے والا

اپنا چہرہ خراب کرتا ھے
چاند پر خاک ڈالنے والا

جانے کیا بات ہے کہ محفل میں
چپ ہے نکتے نکالنے والا

سر چھپانے کو میرے گھر آیا
مجھ کو گھر سے نکالنے والا

اس قدر گر گئے ہیں لوگ ارشد
گر پڑے گا سنبھالنے والا

بات ہے احساس کی یہ بات کہنے دو مجھے
موت سے پہلے تو یارو' زندہ رہنے دو مجھے

روک لو گرتے ہوئے قطرات رک سکتے ہیں کیا؟
میں تو ہوں بہتا ہوا دھارا کہ بہنے دو مجھے

شعلۂ خاموش ہوں تِنکے نہ لاؤ سامنے
سوزشِ پنہاں ابھی سہتا ہوں سہنے دو مجھے

ایسے احسانوں کا میں طالب نہیں اے دوستو
کھوکھلی شہرت نہ دو گمنام رہنے دو مجھے

سادگی کا حُسن بھی ہوتا ہے آرائش کی جان
کب کہا گلچیں کسی گُل نے کہ گہنے دو مجھے

زندگی میں ہر قدم پر یاد رکھنے کے لئے
میری ہر اک بھوُل کے صدمات سہنے دو مجھے

چاپلوسی اور تصنع میری فطرت میں نہیں،
خود غرض لوگوں سے ارشد دور رہنے دو مجھے

حقیقت میں سجا کر چار سو افسانے رکھے ہیں
یہ کس نے گلستاں کے روپ میں ویرانے رکھے ہیں

زباں سے ہر کوئی مظلوم کی کرتا ہے دل داری!
سرِ ظالم پہ لیکن ہاتھ کیوں دنیا نے رکھے ہیں

توجہ اپنی خوشیوں پر نہ کی لیکن مرے دل نے
حفاظت سے ترے اقرار کے نذرانے رکھے ہیں

تری مدہوش آنکھیں اس طرح ہیں تیرے چہرے پر
کہ جیسے پھول کے چہرے پہ دو پیمانے رکھے ہیں

ہمیں خطرات کو قابو میں کر لینا کبھی آتا ہے
کہ ہم نے بجلیوں کے دوش پہ کاشانے رکھے ہیں

حوادث اُن سے کب آنکھیں ملا سکتے ہیں اے ارشد
جنھوں نے پتھروں کی زد پہ شیشہ خانے رکھے ہیں

مہر پرور نہ سہی ہو کے خفا پہنچے، تو
وہ بہر حال مرے سامنے آ پہنچے تو

نور بن جائیں گے افکار کے اندھیارے بھی
دل میں اقرار کے سورج کی ضیا پہنچے تو

مجھ کو اللہ کی رحمت پہ یقیں ہے لیکن،
بابِ تاثیر تلک میری دُعا پہنچے، تو

پھول کھل جائیں گے اخلاص کے ویرانوں میں
شہرِ نفرت میں محبت کی ہوا پہنچے. تو

چادرِ گُل نہ سہی مرقدِ مظلوم پہ وہ
لیکے رِستے ہوئے زخموں کی رِدا پہنچے تو

دیکھ لینا کہ اُتر جائے گا پانی اُن کا!
خنجروں تک مرے زخموں کی صدا پہنچے تو

زندہ ہو جاؤں گا میں دستِ قضا سے ارشدؔ
میری ہستی پہ ذرا دستِ قضا پہنچے تو

زہر نفرت کا محبت میں ملا دیتے ہیں لوگ
زندگی کو موت کا منظر بنا دیتے ہیں لوگ

اس حقیقت سے کبھی انکار ممکن ہی نہیں
یہ مسلم ہے کہ شعلوں کو ہوا دیتے ہیں لوگ

یہ ہنر تو کھیل ہے اے دوست لوگوں کے لئے
ہنسنے والے کو بہر صورت رُلا دیتے ہیں لوگ

ماننے پر آئیں تو مانیں گے سچ ہر جھوٹ کو
ضد پہ اڑ جائیں تو پھر سچ کی سزا دیتے ہیں لوگ

باوجود اقرارِ عظمت کے، برائے انتقام
چاہتے ہیں جب نگاہوں سے گرا دیتے ہیں لوگ

کون لچھمن کی طرح سیتا کی نگرانی کرے
رام جیسے کو بھی راون سا بنا دیتے ہیں لوگ

زندگانی میں تو ادرشؔ اس کو ٹھکراتے ہیں سب
موت پر فنکار کو فن کا صلہ دیتے ہیں لوگ

وہ ملے بھی تو اجنبی جیسے
مجھ کو دیکھا نہیں کبھی جیسے

جی رہا ہے جو صرف جینے کو
موت ہے اس کی زندگی جیسے

علم شامل ہے ہر جہالت میں
ہے اندھیرا یہ روشنی جیسے

اس قدر زعم چند سانسوں پر
خود خدا ہے یہ آدمی جیسے

آجتک بھی ملی نہیں منزل
میری رہبر ہے گمرہی جیسے

دشمنوں کا بھی ساتھ دیتا ہوں
مجھ کو ہے خود سے دشمنی جیسے

یہ بھی دن کٹ ہی جائیگا ارشد
کٹ گئی غم کی رات بھی جیسے

آج باطل کے لئے مدِ مقابل کون ہے؟
حق پرست و حق شناسا صاحبِ دل کون ہے؟

ظالموں کے جور کی سب کو شکایت ہے مگر
ہر دلِ مظلوم کی عزت کا حامل کون ہے؟

جانے کب ٹوٹے کہاں ٹوٹے سمندر کا سکوت
اس کے تیور کو سمجھ لے ایسا عاقل کون ہے؟

راہزن پھرتے ہیں رہبر کا لبادہ اوڑھ کر
ہم سمجھتے ہی نہیں کہ میرِ منزل کون ہے؟

جو بہاروں میں خزاں کا زہر پھیلاتا رہا
دیکھئے گلشن میں پوشیدہ وہ قاتل کون ہے؟

جستجو اہلِ سفینہ آج ہی اس کی کریں،
جسکی طوفانوں سے سازش ہے وہ ساحل کون ہے

رہبرانِ وقت سے ارشد کوئی پوچھے ذرا
بھوک اور افلاس کے ماروں کا قاتل کون ہے

گناہ کر کے بھی وہ بے گناہ ٹھہرے ہیں
صداقتوں کی نگاہوں پہ جیسے پہرے ہیں

بہار میں بھی نظاروں کے زرد چہرے ہیں
کھٹکتے خار سے پھولوں کے زخم گہرے ہیں

کوئی بھی کچھ نہیں کہتا مری صداقت پر
خموش ایسے کہ سب جیسے گونگے بہرے ہیں

چھپی ہے، آج بھی دیوانگی بصیرت کی
نگاہِ ہوش پہ افسوس اب بھی پہرے ہیں

جو لپٹے رہتے تھے ہر وقت میری خوشیوں سے
مصیبتوں میں مرے پاس کتنے ٹھہرے ہیں

چٹان، کوہ و نشیب و فراز کے ڈر سے
رواں دواں جو ہیں دریا کہیں وہ ٹھہرے ہیں؟

چلے تو چل پڑا عالم ہمارے قدموں پر،
زمانہ رک گیا ارشد جہاں بھی ٹھہرے ہیں

ہو کے نادم دیکھنا اسکے کرم کے سامنے!
سربلند ہو جائے گا تو جھک حرم کے سامنے

اہلِ زر تو اِس قدر مجھ کو حقارت سے نہ دیکھ
تیری خوشیاں رو پڑیں گی میرے غم کے سامنے

آنسوؤں میں ڈوب جائیگی تری ہر اک خوشی
مسکرانا چھوڑ دے تو چشمِ نم کے سامنے

ظالموں سے رحم کی امیّد رکھنا ہے فضول
تیغ لے کے تو بھی آ، تیغِ ستم کے سامنے

اے قلم کارو! سمجھ لو تم قلم کی حیثیت
بادشاہوں نے جھکایا سر قلم کے سامنے

ہے تہی دامن مگر ارشدؔ بڑا خوددار ہے
جھک نہیں سکتا ترے جاہ و حشم کیسامنے

چہرہ تازہ گلاب لگتا ہے
قد بہاروں کا خواب لگتا ہے

خامشی روح کا سکوں جیسے
اور تکلم رباب لگتا ہے

چل پڑے تو مچل پڑے جھرنے
رک گئے تو سراب لگتا ہے

مسکراہٹ کی دل نشینی میں
بجلیوں کا شباب لگتا ہے

پڑھ رہی ہیں ورق ورق نظریں
وہ مجسم کتاب لگتا ہے

ارشد ان کا نقاب میں چہرہ
ابر میں ماہ تاب لگتا ہے

تمہاری مہربانی اب ستم انگیز لگتی ہے
ہوائے صحنِ گلشن تیغ سے بھی تیز لگتی ہے

نگہبانِ چمن کیا بات ہے فصلِ بہاراں میں
نسیمِ صبح کی ٹھنڈک بھی شعلہ ریز لگتی ہے

کبھی افسردہ چہروں کو تبسم دے نہیں سکتے
جنھیں روتی ہوئی تصویر دلآویز لگتی ہے

وفا کے امتحاں میں تم کبھی پورے نہیں اترے
ادائے دلربائی مصلحت آمیز لگتی ہے

تشدد، بربریت، ظلم و استبداد ہے ہر سو
سکون و امن کی ہر بات شر انگیز لگتی ہے

یہ منظر دیکھتی رہتی ہیں احساسات کی آنکھیں
کہ ہر رنگینیٔ شام و سحر خوں ریز لگتی ہے

ابھی تو لی ہے تم نے ہاتھ میں پتوار کشتی کی
ابھی سے موجِ ساحل کیوں تلاطم خیز لگتی ہے

دلوں میں زہر سامانی لبوں پر گفتگو میٹھی
رسیہ کردار ہے گفتار گوہر بیز لگتی ہے

کہیں بھی امن و راحت کا نشاں ملتا نہیں ارشد
ادائے وقت جیسے ثانیٔ چنگیز لگتی ہے

دیکھیے چہرہ جناب کا
پھول کِھلا ہے گلاب کا

رنگ شفق زار کی طرح
روپ سماں آفتاب کا

دیکھ لے جو اُن کو شرابی
نام نہ لے گا شراب کا

دیکھتے ہی دل ہوا ہرن
کھا گیا دھوکہ سراب کا

طرزِ تکلّم کے زیر و بم
ربط ہے چنگ و رباب کا

بے حجاب ہو تو ہو گا کیا
جب ہے یہ عالم حجاب کا

زاہدوں کے دل مچل پڑے
ہائے یہ عالم شباب کا

کیا مثال بے مثال کی
کیا جواب لا جواب کا

لگ نہ جائے چاند کی نظر
تھامئے آنچل نقاب کا

جانے کیوں سب کو ملال ہے
ان کو میرے انتخاب کا

حسن ہے ارشدؔ کھلی کتاب
عشق ہے حاصل کتاب کا

ہم نہ مُنہ لگائیں گے اس حقیر کے ٹکڑے
بے ضمیر کھاتے ہیں بے ضمیر کے ٹکڑے

بیچ کر زمانے میں اب ضمیر کے ٹکڑے
کھا رہے ہیں رانجھے بھی اپنی ہیر کے ٹکڑے

ڈس کے سونے والوں کو سانپ تو نکل بھاگا
کیا ملے گا کرنے سے اب لکیر کے ٹکڑے

لے گیا نہ منزل تک تھا اسیرِ گمراہی
راہبر نے کر ڈالے راہ گیر کے ٹکڑے

شعر و فن کے شاہوں کی جھولیوں میں ملتے ہیں
جوشؔ و غالبؔ و انشاؔ، داغؔ و میرؔ کے ٹکڑے

روکھے سوکھے ہیں پھر بھی شہ کے تر نوالوں سے
لاکھ درجہ بہتر ہیں اک فقیر کے ٹکڑے

شرم اور غیرت سے اُن کو واسطہ کیا ہے
توڑتے رہے اکثر جو امیر کے ٹکڑے

عادتوں سے فطرت کو توڑنا ہے نا مُمکن
کر نہیں سکو گے تم بہتے نیر کے ٹکڑے

عشق یہ محبت کا، حُسن یہ عقیدت کا
ہر مُرید کھاتا ہے اپنے پیر کے ٹکڑے

شر، شریر کا توڑ و خیر کا تقاضہ ہے
بھول کر بھی مت کرنا تم شریر کے ٹکڑے

ارشد اس سے پہلے بھی سینکڑوں نے دیکھا ہے
ہو گئے میرے دل پہ ان کی تیر کے ٹکڑے

شبنم کی بوند بوند نے حُسنِ وقار کھو دیا
بادِ صبا کے روبرو کلیوں نے ہنس کے رُو دیا

تو خود ہی مطمئن نہیں آرائشِ بہار سے
اے باغباں چمن چمن کیا تو نے خار بو دیا

طوفاں کے ظلم دیکھ کے موجوں کے اضطراب میں
ساحل پہ لا کے ناؤ کو ملاح نے ڈبو دیا

زندہ دلی کی بات ہے کیوں اُس کو اتفاق ہو
وہ جس نے اپنی زندگی مرنے سے پہلے کھو دیا

ارشدؔ شبِ فراق کا یہ بھی کرم ہے یادگار
تارِ نفس میں دیکھنا اشکِ الم پرو دیا

ظرفِ تو اِک بوند کا ہے ورنہ سمندر کی ہوس
تابِ نظارہ نہیں دل میں ہے منظر کی ہوس

ظلم کے آگے جھکا کر سر جہاں ہیں آج ہم
اپنے ہاتھوں ہم بڑھاتے ہیں ستمگر کی ہوس

جاں نثاری کا جگر میں حوصلہ بھی چاہیئے
ورنہ پھر بے کار ہاتھوں میں ہے خنجر کی ہوس

رہزنوں سے بچ کے منزل مِل گئی تو کیا ہُوا
بات تو جب ہے کہ ہو رہزن کو رہبر کی ہوس

چشمِ عالم نے یہی دیکھا ہے ہر اک دور میں
موت کے ہاتھوں لُٹی ہے زندگی بھر کی ہوس

مُضطرب ذرّوں کی تابانی سے یہ ظاہر ہُوا
ذرّے ذرّے میں سمائی مہرِ انور کی ہوس

درحقیقت یہ ہے ارشد کامیابی کی دلیل
دشمنوں کو بھی ہوئی تیرے مقدر کی ہوس

صبر کر دلِ ناداں کس لئے تو روتا ہے
بے وفا زمانے میں کون کس کا ہوتا ہے

جس کو میں نے بخشے ہیں پھول شادمانی کے
اب وہی مرے دل میں خارِ غم چبھوتا ہے

نامراد اشکوں سے تر تو ہو گیا دامن
ہاں مگر لہو دل کا دِل کے زخم دھوتا ہے

کارگاہِ ہستی میں مطمئن نہیں کوئی
دیکھ کر ہر اک صورت آئینہ بھی روتا ہے

وقت یوں اتر آیا ظُلم کے طریقے پر
روز خونِ انساں سے آستیں بھگوتا ہے

جو بھی ایماں رکھتا ہے مصلحت پرستی پر
گلشنِ محبت میں غم کے بیج بوتا ہے

آئینہ حقیقت کا رکھ کے سامنے دیکھے
آدمی زمانے میں خود وقار کھوتا ہے

اس قدر بڑھی ارشدؔ زندگی کی حیرانی
آج کل ہر اک انساں رو کے روتے سوتا ہے

میں چھیڑوں غزل تم بھی ذرا ساز اٹھا لو
مِل جُل کے زمانے کو ہم آواز بنا لو

افکار و تخیل کی بلندی پہ پہنچ کر
بجھتی ہوئی آنکھوں میں نئی روشنی ڈالو

دِل ایسی گراں مایہ کوئی شئے نہ مِلے گی
صحراؤں کو چھانو کہ سمندر کو کھنگالو

اشکوں کی قطاروں میں تمہیں دیکھ رہا ہوں
کچھ اور ستاروں سے جبیں اپنی سجا لو

چھالے جو کفِ پا میں ہیں غم اس کا نہیں ہے
جو دل میں کھٹکتا ہے وہ کانٹا تو نکالو

مجھ پر ہی کیا کرتے ہو انگشت نُمائی
تم اپنی طبیعت کو بھی آئینہ دِکھا لو

اے راہبرو! چھا گیا ہر سمت اندھیرا
اس پردۂ ظلمت سے نئی صبح نکالو

منزل تو قدم لینے کو تیار ہے ارشدؔ
تم اپنے ارادے کو ارادہ تو بنا لو!

آ گئے پھر ہوس کی چالوں میں
پھنس گئے ہم خود اپنے جالوں میں

وقت کے پاس تھا جواب مگر
ہم ہی اُلجھے رہے سوالوں میں

روشنی سے جو بیر رکھتے ہیں
وہ اندھیرے کبھی ہیں اجیالوں میں

عہد کی بات جب بھی کی ہم نے
آپ کیوں کھو گئے خیالوں میں

بن کے دیوانہ ہم نے دیکھ لیا
ہوش کتنا ہے ہوش والوں میں

لوگ ارشد کا نام لیتے ھیں
دوستی کی حسیں مثالوں میں

چہرہ چہرہ ویرانی جانے کیسا موسم ہے
رنجیدہ ہے شادانی جانے کیسا موسم ہے

بادل کو تو خود بادل پی لیتے ہیں کیا کہیے
پیاسا ہے پانی پانی جانے کیسا موسم ہے

اک لمحہ آرام نہیں، امن و سکوں کا نام نہیں
گھر گھر فتنہ سامانی جانے کیسا موسم ہے

سب کچھ مہنگا ہے لیکن دیکھیں یہ کن آنکھوں سے
خونِ بشر کی ارزانی جانے کیسا موسم ہے

کل تھی لیکن آج نہیں شرم نہیں ہے لاج نہیں
پردہ پردہ عُریانی جانے کیسا موسم ہے

سائے بُرے ہیں اچھوں پر جھوٹ کا پہرہ سچوں پر
چور کرے ہیں دربانی جانے کیسا موسم ہے

جھوٹا اچھا سچے سے بُرا بھلا ہے اچھے سے
ایماں ہے بے ایمانی جانے کیسا موسم ہے

چھایا ہے اُجیالوں پر ظلمت کا کردار یہاں
ماند ہوئی ہے تابانی جانے کیسا موسم ہے

طوفانوں سے بچ کر بھی بچنا مشکل ہے ارشد
ساحل ساحل طغیانی جانے کیسا موسم ہے

بات اس کی کیوں نہ بن مانے بنے
ہوش والے جس کے دیوانے بنے

ہم نے دیکھے حوصلوں کی راہ میں
بجلیوں کے سر پہ کاشانے بنے

ہنسنے والے میرے رونے پر نہ جا
میرے دل کے اشک دُردانے بنے

سب کیا اس نے مگر کچھ نہ ہُوا
میری باتوں کے ہی افسانے بنے

شمع محفل تجھ پہ مرنے کے لئے
ہم بھری محفل میں پروانے بنے

کل جہاں پر تھا بہاروں کا ہجوم
آج وہ گل زار، ویرانے بنے

وقت جب ارشد پڑا مجھ پر بُرا
جانے پہچانے بھی انجانے بنے

کوئی مسیحا کام نہ آیا
دل کو کچھ آرام نہ آیا

دیکھنے والے قاتل ٹھہرے
قاتل پر الزام نہ آیا

ہر پتھر نے قیمت پائی
ہیرے کا کچھ دام نہ آیا

روتی ہے حالات کی سیتا
راون آیا رام نہ آیا

رہبر تو ناکام ہوئے سب
رہزن کیوں ناکام نہ آیا

اوروں کا کیا شکوہ کرتا
میں خود اپنے کام نہ آیا

نفرت سے بھی اُن کی زباں پر
ارشدؔ! میرا نام نہ آیا

آبِ حیات میں کیوں زہر اب گھولتا ہے
میرے خلوص کو تو سکّوں سے تولتا ہے

میری وفا ہے باطن تیری جفا ہے ظاہر
میں راز رکھ رہا ہوں تو راز کھولتا ہے

ظلمت سے روشنی کی امید رکھنے والا
نادان کنکروں میں ہیرے ٹٹولتا ہے

ہے اس کی حق پرستی سورج سے بھی نمایاں
وہ جب بھی بولتا ہے حق بات بولتا ہے

یوں میرے آنسوؤں سے دامن جھٹک رہے ہو
جیسے کوئی اناڑی موتی کو رولتا ہے

ساقی کی ہیں نظر میں کم ظرف ظرف والے
اب کون میکدے میں کردار تولتا ہے

رکھتا ہے آئینے کو اندھے کے سامنے وہ
کیا کم ہے یہ حماقت بہروں سے بولتا ہے

دیکھا ہے ہم نے اکثر ارشدؔ کے شعر سُن کر
محفل میں زندگی کا احساس ڈولتا ہے

چھاؤں ہے تجھ پر تجھے سر پر اٹھا لے جائیں گے
دھوپ میں احباب تیرا گھر اٹھا لے جائیں گے

جن کی خاطر جان دینا بھی تجھے منظور ہے
وہ بھی تیری قبر کے پتھر اٹھا لے جائیں گے

دوستوں سے بڑھ کے دنیا میں کوئی دشمن نہیں
بے تکلف تیرے بال و پر اٹھا لے جائیں گے

کنکروں کے چننے والوں سے تجھے مطلب نہیں
ہیں جو گوہر آشنا گوہر اٹھا لے جائیں گے

دیکھنا بیمارِ غم چارہ گری کے نام پر
تیری راحت تیرے چارہ گر اٹھا لے جائیں گے

یاد رکھ مفلس کچھ اہلِ زر ہوس کے دشت میں
زر کے ہاتھوں سے تری دختر اٹھا لے جائیں گے

رہزن و رہبر میں ارشدؔ صرف اتنا فرق ہے
رہزنوں سے جو بچا' رہبر اٹھا لے جائیں گے

عقبیٰ فریب ہے نہ یہ دنیا فریب ہے
انساں کے دل میں حرص کا جذبہ فریب ہے

ظلمت چھپی ہوئی ہے اُجالوں کے روپ میں
تہذیبِ نو کا حُسن سراپا فریب ہے

پردے میں ہر بُرائی کو ملتا رہا فروغ
دراصل یہ نمائشی پردہ فریب ہے

جس نے لگا دیا ہے جہالت میں چار چاند
اس علم کا ہر ایک اجالا فریب ہے

دِل، دل سے دور ہاتھ سے ملتے ہیں صرف ہاتھ
مِلنا یہی ہے گر تو یہ مِلنا فریب ہے

جس میں نہیں ہے حسنِ صداقت کی روشنی
ارشدؔ! اس ابتداء کا اُجالا فریب ہے

دیوانے کیا مانگ رہے ہیں
دھوپ سے سایہ مانگ رہے ہیں

بے ہوشوں کے در سے پاگل
ہوش کا نسخہ مانگ رہے ہیں

چوراہے پر بے شرمی سے
لاج کا پردہ مانگ رہے ہیں

جگنو کو ترسے ہیں تارے
قطرہ، دریا مانگ رہے ہیں

خودداری کو بانٹنے والے
بھیک سراپا مانگ رہے ہیں

مٹھی بھر دِل میں دیوانے
ساری دنیا مانگ رہے ہیں

امرت پینے والے ارشد
زہر کا پیالہ مانگ رہے ہیں

ہم ظلمتوں میں ایسے منوّر گنے گئے
جیسے اندھیری رات میں اختر گنے گئے

مخلص بھی دشمنوں کے برابر گنے گئے
کانٹوں کے ساتھ ساتھ گلِ تر گنے گئے

اہلِ سخن نہ پوچھ نصیبِ سخن وری
ننگِ سخن نمایاں سخن ور گنے گئے

جن کو سمجھ رہے تھے سبھی پیکرِ خلوص
ان کی بھی آستینوں میں خنجر گنے گئے

کتنا عظیم ترسیہ طلب کا کمال ہے
قطرے کی آرزو میں سمندر گنے گئے

احساس جن کا گل سے بھی نازک ترین تھا
افسوس ان کے ہاتھوں میں پتھر گنے گئے

ایسا بھی ایک شخص تھا اپنے جہان میں
جس کی اکیلی ذات میں لشکر گنے گئے

فہرست میں عطا و عنایت کی بار ہا
جتنے خراب حال تھے بہتر گنے گئے

اس دور کا کمالِ بصیرت تو دیکھیے
راون صفت بھی رام کے پیکر گنے گئے

منزل کا اب سوال ہی ارشد کہاں رہا
رہزن ہی جان بوجھ کے رہبر گنے گئے

سویرا رات کا سایہ دکھائی دیتا ہے
ہر ایک سمت اندھیرا دکھائی دیتا ہے

خدا ہی خیر کرے اب سفینۂ دل کی
ہوا کا رُخ تو بدلتا دکھائی دیتا ہے

عجیب بات ہے دھوکا دیا تھا جس اس نے
وہ آدمی تو فرشتہ دکھائی دیتا ہے

اسی کے فیض نے بے پردگی کو عام کیا
یہ عصرِ نو کا جو پردہ دکھائی دیتا ہے

لِنگاہ جب بھی اٹھی ہے چمن کے پھولوں پر
لہولہان نظارہ دکھائی دیتا ہے

سفینہ کوئی تلاطم میں گھر گیا ہوگا
کنارہ آج تڑپتا دکھائی دیتا ہے

پیا ہے سینکڑوں پیاسوں کی پیاس کو اُس نے
وہ دیکھنے میں تو دریا دکھائی دیتا ہے

خدا ہی جانے کہ کیا گذرے آدھی رات کے بعد
چراغ شام سے بجھتا دکھائی دیتا ہے

تجھے سمجھ نہ سکا کوئی آج تک ارشد
ترا وجود معمہ دکھائی دیتا ہے

دِل جفاؤں کے اندھیروں سے بچائے رکھنا
شمعِ احساسِ وفا دِل میں جلائے رکھنا

جل نہ کب شعلۂ نفرت کو ہوا دے دنیا
اس لئے پیار کے دامن کو بچائے رکھنا

کر کے اقرار مکرنا تو بڑی بات نہیں
ہاں بڑی بات ہے اقرار نبھائے رکھنا

جا رہے ہو تو چلے جاؤ مگر یاد رہے
بات جب ہے کہ مری یاد بھلائے رکھنا

اس نمک پاش زمانے کی نظر سے ارشد
دل کے زخموں کو بہر طور چھپائے رکھنا

ہمدردی بس باتوں میں
نیّت لیکن گھاتوں میں

جانے کیوں تقسیم ہوا
آدم اتنی ذاتوں میں

پھول تھے جن کے بستر پر
چھالے ان کے ہاتھوں میں

جو دن میں بھی سوتے تھے
جاگ رہے وہ راتوں میں

غربت نے پھیلایا ہے
سنّاٹا باراتوں میں

کیا موسم بھی روٹھ گئے
دھول اڑتی برساتوں میں

ظاہر داری ہے ارشدؔ!
خیر کہاں خیراتوں میں

کل تمہاری یاد یوں آئی کہ بس
روپڑی ہے دل کی انگنائی کہ بس

آسمانِ دل پہ ہے قوسِ قزح
اس طرح لی اس نے انگڑائی کہ بس

باتوں باتوں میں وہ رس گھولا کئے
بج رہی ہے جیسے شہنائی کہ بس

وصل کی شب میں نگاہِ یار نے
دلنشیں اک برق لہرائی کہ بس

دیکھ کر محبوب کی رعنائیاں
روشنی نظروں کی شرمائی کہ بس

یاس بن کر شانۂ امید پر
مثلِ ناگن زلف لہرائی کہ بس

یاد جب آیا محبت کا مآل
یوں طبیعت میری گھبرائی کہ بس

خندہ زن ارشد ہے دنیا پر فریب
سادگی نے وہ سزا پائی کہ بس

ہے ہر کلی میں رنگ ہر اک گُل میں بُو تو ہے
ہم ہوں نہ ہوں چمن میں ہمارا لہو تو ہے

دشمن ہُوا ہے سارا زمانہ تو کیا ہوا
لیکن مرے حبیب! مرے ساتھ تُو تو ہے

او درد دینے والے عنایت کا شکریہ
اشکوں کے تار سے مرا دامن رفو تو ہے

گو لاکھ اس نے مجھ پہ ستم ڈھائے ہیں مگر
شرمندہ میرے سامنے وہ فتنہ جو تو ہے

نظروں کے سامنے تو نہیں ہے بجا سہی
لیکن دلِ حزیں میں تری آرزو تو ہے

منزل میں میری لاکھ اندھیرے ہوئے تو کیا
ارشدؔ! وہ ہمرکاب مرا ماہ رُو تو ہے

ظلمت تھی شب کے خواب کی سر سے اُتر گئی!
ابھرا جو آفتاب سیاہی بکھر گئی

ساحل کی سازشوں سے خبردار اے جنوں
کشتی بھنور بھنور سے تو بچ کر گزر گئی!

شاداب موسموں کی ہوائیں نہ آسکیں
اِک عُمر انتظار میں اپنی گذر گئی

بے جرم کو سزا ملی مُجرم بری ہُوا
کس نے کیا قصور خطا کس کے سر گئی

تھے آئینوں میں کون سے ہنگامے سوچ کے
چہروں کی بھیڑ دیکھ کے تنہائی مُڑ گئی

آیا نہ راس شہرِ طلسمات کا سفر
گذرے جدھر سے ایک قیامت گذر گئی

ابھرے گا تپتی ریت سے دریا کوئی ضرور
سورج کی پیاس دشت کے اندر اتر گئی

ارشدؔ! قلم کی دھوپ میں احساس جل گیا
لیکن غزل کے جسم کی رنگت نکھر گئی

جو دل میں محبت کا احساس نہیں رکھتے
وہ وعدۂ فردا کا کچھ پاس نہیں رکھتے

تصویر کے پھولوں سے خوشبو کا تقاضہ کیا
وہ رنگ تو رکھتے ہیں بو باس نہیں رکھتے

ہم رکھتے ہیں سینوں میں احساس محبت کا
شیشوں کے نگینوں میں الماس نہیں رکھتے

صہبائے محبت سے سرشار ہے دل اپنا
صحرا کی طرح دل میں ہم پیاس نہیں رکھتے

ممکن ہی نہیں ارشد قاتل سے مسیحائی
شعلوں سے گلِ تر کی ہم آس نہیں رکھتے

تڑپ رہی ہے محبت کی آرزو تنہا
اِدھر ہوں میں بھی اکیلا اُدھر ہے تو تنہا

ترے بغیر مرا حال ہے جنوں ساماں
میں اپنے آپ سے کرتا ہوں گفتگو تنہا

ہمارے بیچ میں مجبوریوں کے دھارے ہیں
کھڑے ہیں دونوں کناروں پہ روبرو تنہا

تری امید کے ہنستے ہوئے گلستاں میں
ہزار رنگ سے بکھرا مرا لہو، تنہا

بسے ہوئے ہیں زمیں پر حسین ایک سے ایک
تمہیں نہیں ہو زمانے میں خوبرو تنہا

سکوں نصیب نہیں ہے کہیں زمانے میں
بھٹک رہا ہوں طلب میں کُو بکُو تنہا

گھرا ہوا ہوں میں حرص و ہوس کے نرغے میں
سسک رہی ہے شرافت کی آبرو تنہا

سنا تو یہ ہے کہ ہر شے میں تیرا جلوہ ہے
نگاہِ خاص کو پھر بھی ہے جستجو تنہا

طلب کی راہ میں ارشدؔ! عمل ضروری ہے
کہ کام آتی نہیں صرف آرزو تنہا

ہوش رہتا ہے یوں جوانی میں
جیسے کاغذ کی ناؤ پانی میں

ہم نے خود کو سنبھالنا سیکھا
ٹھوکریں کھا کے زندگانی میں

آ گیا ہے نکھار کانٹوں پر
باغباں تیری باغبانی میں

جاودانی سکونِ دل یارو!
کیا ملے گا جہانِ فانی میں

لوگ صدیوں کی فکر کرتے ہیں
صرف دو دن کی زندگانی میں

بن گئی سیر گاہ کا مرکز
بات کیا ہے تری جوانی میں

کامیابی کی ترجمانی ہے
ذکر تیرا مری کہانی میں

اس کو دل سے لگا کے رکھوں گا
یاد ہے اک تری نشانی میں

کوئی ثانی نہیں ترا ارشد
خوش نوائی میں خوش بیانی میں

دنیا کے راستے میں ہر اک گام پر سنبھل
یہ خارزارِ حرص ہے دامن بچا کے چل

ہے آج ہی یہ آج، رہے گا نہ آج، کل
کل، کل ہے، کل نہ ہوگا کبھی آج کا بدل

میرے تصوّرات میں تیرا رُخِ حسیں
جیسے ہو غم کی جھیل میں ہنستا ہوا کنول

تیرا قدِ حسیں ہے کہ میرے خیال میں
فطرت کے نقش کار کی ترشی ہوئی غزل

اِس طرح تو بچھڑ گیا میرے وجود سے
ارشدؔ حیات چھین لے جیسے یدِ اجل

جذبۂ حق ٹٹول کر دیکھو
سچ زمانے میں بول کر دیکھو

کوئی موتی ضرور نکلے گا!
سیپ کا جسم کھول کر دیکھو

آنسو بن جائیں گے گہر جیسے
اشک آنکھوں سے رول کر دیکھو

کون اپنا ہے کون بیگانہ
بات مطلب کی بول کر دیکھو

جس کی باتوں میں وزن پاتے ہو
اس کا کردار تول کر دیکھو

بے ثباتی کھُلے گی سانسوں کی
رازِ ہستی ٹٹول کر دیکھو

ہر قدم کامیاب منزل ہے
چشمِ احساس کھول کر دیکھو

ہو گا ارشدؔ مرے لئے تریاق
زہر ساغر میں گھول کر دیکھو

پی کے جامِ محبت بہکتے نہیں
کون کہتا ہے ہم یہ سمجھتے نہیں

دنیا پردہ ہے وہ جس میں انساں کی
خوبیاں چھپتی ہیں عیب چھپتے نہیں

پھول تصویر کے خوشنما ہیں مگر
بزمِ احساس میں وہ مہکتے نہیں

اِبتدائے مسرت کا انجام غم
بات اتنی سی کتنے سمجھتے نہیں

ہم ستاروں کی مانند تابندہ ہیں
جگنوؤں کی طرح جلتے بجھتے نہیں

نغمہ زن ہم رہے وقت کے ساز پر
ٹوٹے گھنگھرو کی مانند بجتے نہیں

دل کو ہے، راہ دل سے پیار شدید
کیسے سمجھاؤں ان کو سمجھتے نہیں

مرے محبوب مرے سامنے جب تو ٹھہرے
دِل پہ پابندی نہ جذبات پہ قابو ٹھہرے

تیری زلفوں میں یہ بکھرے ہوئے قطروں کا سماں
جیسے تاریکی میں جلتے ہوئے جگنو ٹھہرے

پیار کے سوز کا احساس بھی ہوتا ہے حسیں
نوکِ مژگاں پہ ستارے ہیں کہ آنسو ٹھہرے

میرے نغمات نے ہوش ایسے اڑائے اُن کے
رقص کی دھن پہ مچلتے ہوئے گھنگھرو ٹھہرے

غوطہ زن ڈوب کے لے آئے ہیں تہہ سے موتی
تھے جو کم ظرف، تہی دست لبِ جو ٹھہرے

کل جو اخلاص کی گفتار کیا کرتے تھے
آج کردار میں چنگیز و ھلاکو ٹھہرے

بوئے گل روکنے والوں سے یہ کہہ دو ارشد
غیر ممکن ہے کہ اڑتی ہوئی خوشبو ٹھہرے

''ارشد مینا نگری شاعرانہ عظمت کا احساس دلانے والا نام ہے۔ آپ کی شاعری انسانی احساسات کی ترجمانی ہے آپ سچائی کا اظہار بلا تکلف کرتے ہیں۔ آپ سے مل کر نغمگی کا احساس جاگ اٹھتا ہے۔ روح کے ساز کا تار تار بیدار ہو جاتا ہے۔ آپ کی شاعری میں موجوں کی مستی، جھیلوں کا سکون، جھرنوں کی نغمگی ، سمندر کی گہرائی، پھولوں کا حسن و جمال، خوشبوؤں کا کیف، دلنشین رنگ و نور، خوش نوا پرندوں کی چہچہاہٹ، من موہنی فضا کی گنگناہٹ ، دلوں کی دھڑکنیں، زندگی کے مناظر، سبھی کچھ موجود ہیں۔ اگر میں یہ کہوں کہ آپ کی شاعری میں موسیقی چھپی ہوئی ہے تو غلط نہیں ہوگا۔

آپ کے کلام کو دُھنوں سے آراستہ کرنے میں کوئی دقت نہیں آتی۔ چند لمحوں میں مسحور کن طرز بن جاتی ہے۔ اِس کمال میں آپ کی شاعری کی جادوگری ہے۔

آپ چار دہائیوں سے بے نیازانہ ادبی خدمات انجام دے رہے ہیں۔ غزلوں کا یہ مجموعہ ''احساس'' بھی یقیناً مقبولِ عام ہوگا۔''

شراون راٹھور

فلمی موسیقار

ممبئی

AF759397